洛阳北魏曹连石棺墓

洛阳市文物考古研究院　司马国红　顾雪军　编著

科 学 出 版 社
北 京

图书在版编目（CIP）数据

洛阳北魏曹连石棺墓 / 司马国红，顾雪军编著. — 北京：科学出版社，2019.9

ISBN 978-7-03-062084-2

Ⅰ. ①洛… Ⅱ. ①司… ②顾… Ⅲ. ①石棺墓－研究－洛阳－北魏 Ⅳ. ①K878.84

中国版本图书馆CIP数据核字（2019）第179056号

责任编辑：张亚娜　郑佐一 / 责任校对：邹慧卿
责任印制：赵　博 / 书籍设计：北京美光设计制版有限公司

科学出版社 出版
北京东黄城根北街16号
邮政编码：100717
http://www.sciencep.com

北京市金木堂数码科技有限公司 印刷

科学出版社发行　　各地新华书店经销

*

2019年9月第 一 版　开本：889×1194　1/16
2024年12月第二次印刷　印张：8　插页：3
字数：213 000

定价：180.00 元

（如有印装质量问题，我社负责调换）

目录

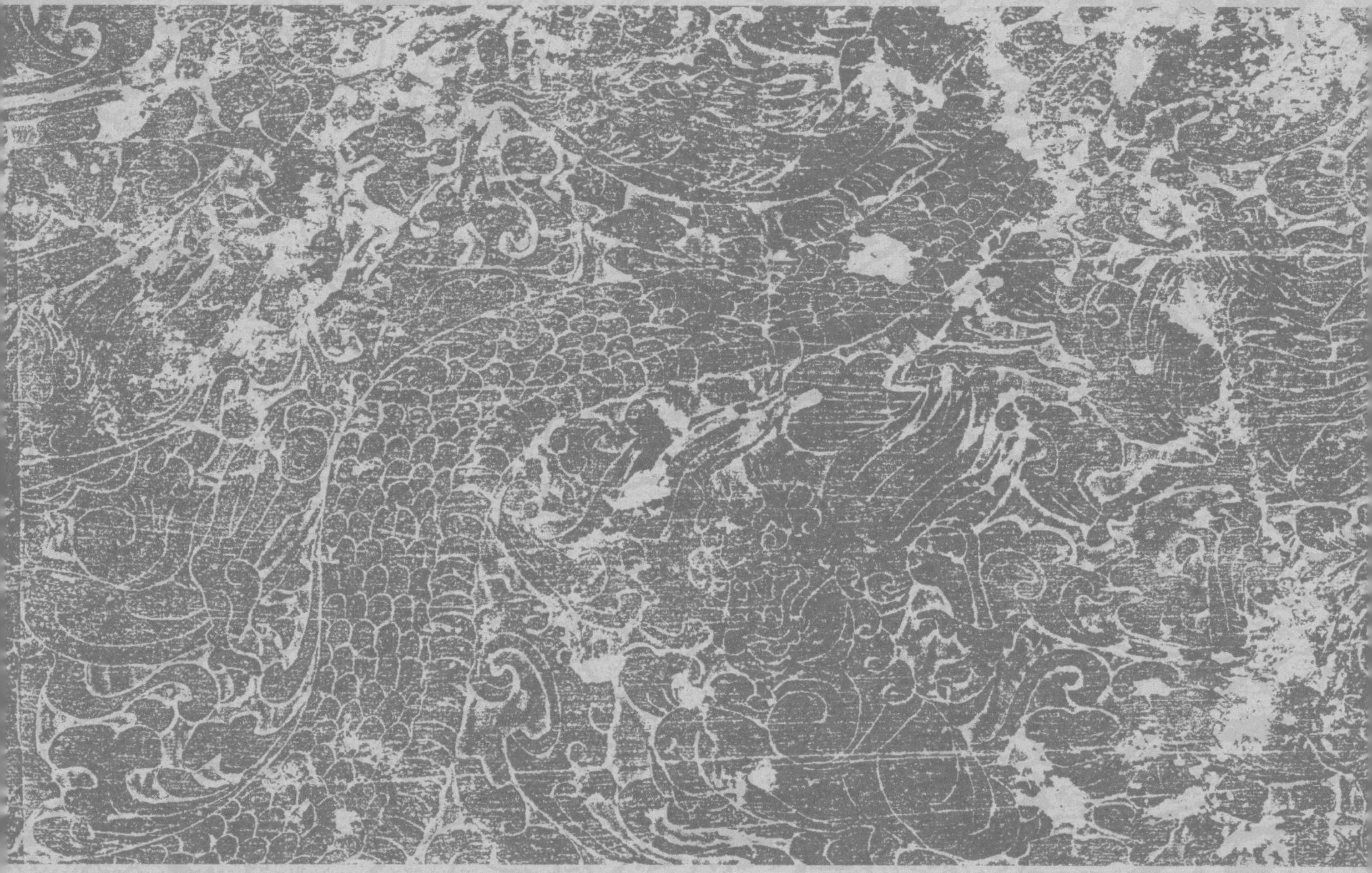

第一章 地理位置和历史沿革

洛阳是我国“八大古都”之一，东周、东汉、三国魏、西晋、北魏、隋、武周、五代后唐先后定都于此；西周、新莽、唐、五代后梁、后晋、后汉、后周、北宋、金皆以此为陪都；公元23年绿林军所立更始皇帝亦曾建都于此。在战国至西汉时期是全国性商业都市之一；东汉、魏晋、隋唐时更是全国乃至亚洲的经济、文化中心。“洛”本作“雒”，三国时魏改洛。洛阳也是中国第一个奴隶制国家——夏王朝的主要活动区域，著名的偃师二里头遗址就在此处。周成王时周公营雒邑即在洛阳，为成周城。战国时改称雒阳，因在雒水之北而得名。秦时置县，为三川郡治。汉为河南郡、魏置司州、东魏改为洛州（迁郧改为宜迁县）、北周置东京六府。隋开皇元年（581年）改六府置东京尚书省，其年废东京尚书省。开皇二年（582年）废总管置河南道行台省。开皇三年（583年）废行台以洛州刺史领总监。开皇十四年（594年）于金墉城别置总监。隋炀帝即位后置河南县。大业元年（605年）为东都，唐武德四年（621年）废。贞观六年（632年）号洛阳宫，显庆二年（657年）为东都，光宅元年（684年）曰神都，神龙元年（705年）复曰东都，天宝元年（742年）曰东京，至德元年（756年）复为东都，上元二年（761年）罢京。隋唐洛阳城皇城长一千八百一十七步，广一千三百七十八步，周长四千九百三十步，其崇三丈七尺，曲折以象南宫垣，名为太微城。宫城在皇城北，长一千六百二十步，广八百有五步，周四千九百二十一步，其崇四丈八尺，以象北辰藩卫，曰紫微城，武后号太初宫。上阳宫在禁苑之东，东接皇城之西南隅，高宗之季常居以听政。上元中废。隋唐洛阳城城前对伊阙，后据中山，左瀍右涧，洛水贯其中，以象河汉。东西五千六百一十步，南北五千四百七十步，西连苑北自东城而东二千五百四十步，周两万五千五十步，其崇丈有八尺，武后号曰金城。宋为西京。金为中京金昌府。元初为河南府，府治即周之王城。洪武二十四年（1392年）建伊王府，嘉靖四十三年（1565年）废。万历二十九年（1872年）十月建

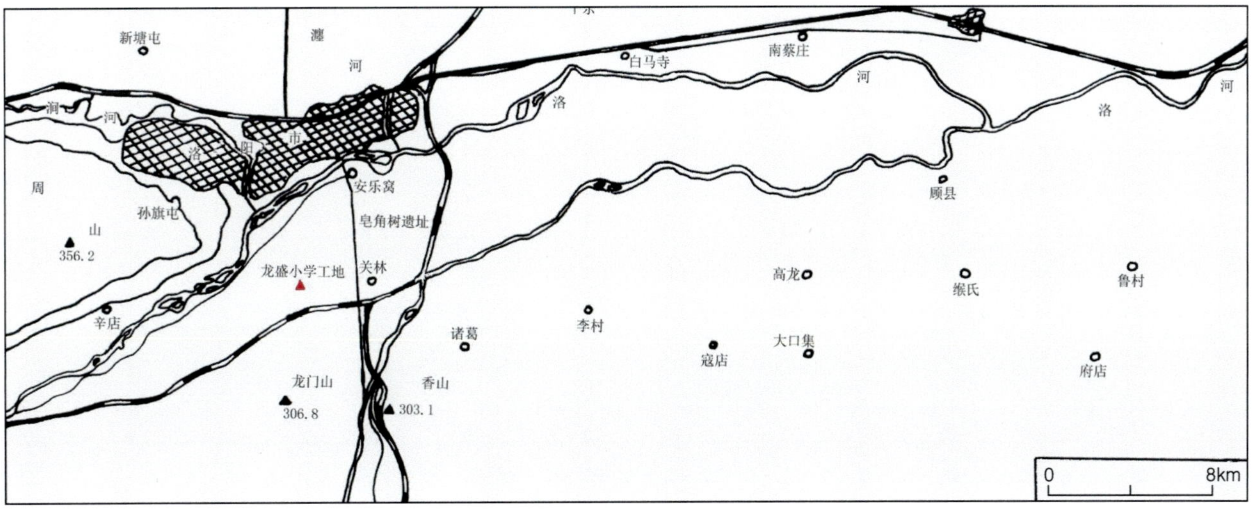

图 1　发掘区域示意图

福王府。清置洛阳县，隶属河南府。民国废河南府，设河洛道，道尹公置驻洛阳，1923 年、1939 年两度成为河南省会。1932 年，为国民政府“行都”。1948 年洛阳解放，1954 年洛阳市为河南省直辖市，城市规模不断扩大，现城区面积达 100 余平方千米，为河南省第二大城市。

本次发掘区域位于隋唐洛阳城遗址的定鼎门门址西南，南面是风景秀丽的龙门山（唐代称为万安山），龙门山北之原是洛阳地区墓葬分布密集的区域（图 1）。目前考古发现的重要墓葬有唐睿宗贵妃豆卢氏及其家族墓地、安菩夫妇墓、梁国公姚崇墓、燕国公张说墓、唐安国相王孺人唐氏和崔氏墓。在这片区域又清理了很多的唐代中小型墓葬，同时又有少量西晋墓葬的发现。

2012 年 2—6 月，洛阳市文物考古研究院在配合龙盛小学基本建设项目的考古发掘工作中清理了北魏时期墓葬一座，编号 C7M5720。工地位于洛阳市洛南

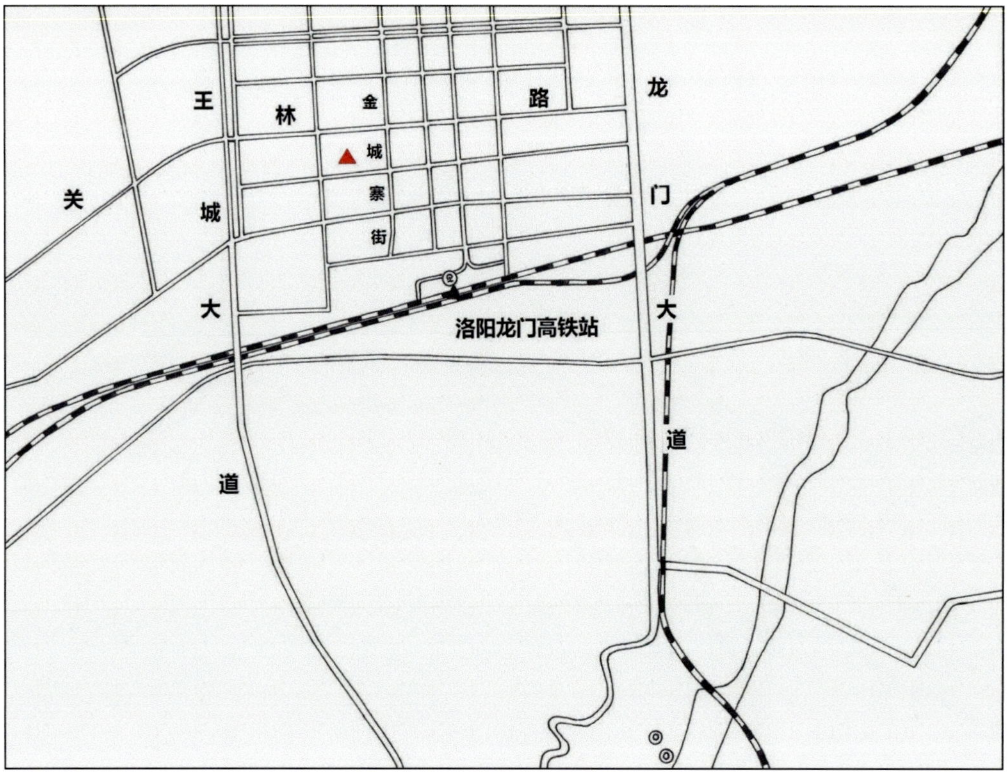

图 2　墓葬位置图

新区金城寨街与关林路交叉口西南侧，处在隋唐洛阳城遗址的定鼎门门址西南，南面是风景秀丽的龙门山。该区域是以往发掘较多的是唐代时期的墓葬，而北魏时期的墓葬较为少见。在该区域地层可分为两层：①层为现代耕土层，②层为晚期淤土层，该墓葬开口于②层下（图 2、图 3）。

此次参加发掘工作人员有顾雪军、孙群伟、常春玲、许爱敏、张珠子、赵微微，安全工作由洛阳市文物考古研究院保卫科负责。

现场绘图：顾雪军、孙群伟。照相：高虎、顾雪军。器物及石棺修复为方盾负责，保护修复中心器物修复组完成。器物及石棺纹饰绘图：高向楠、胡瑞、李国徽、马伊凡、张静怡。拓片：江化国、孙雨豪、张正前。资料整理：顾雪军、司马国红。执笔：顾雪军。

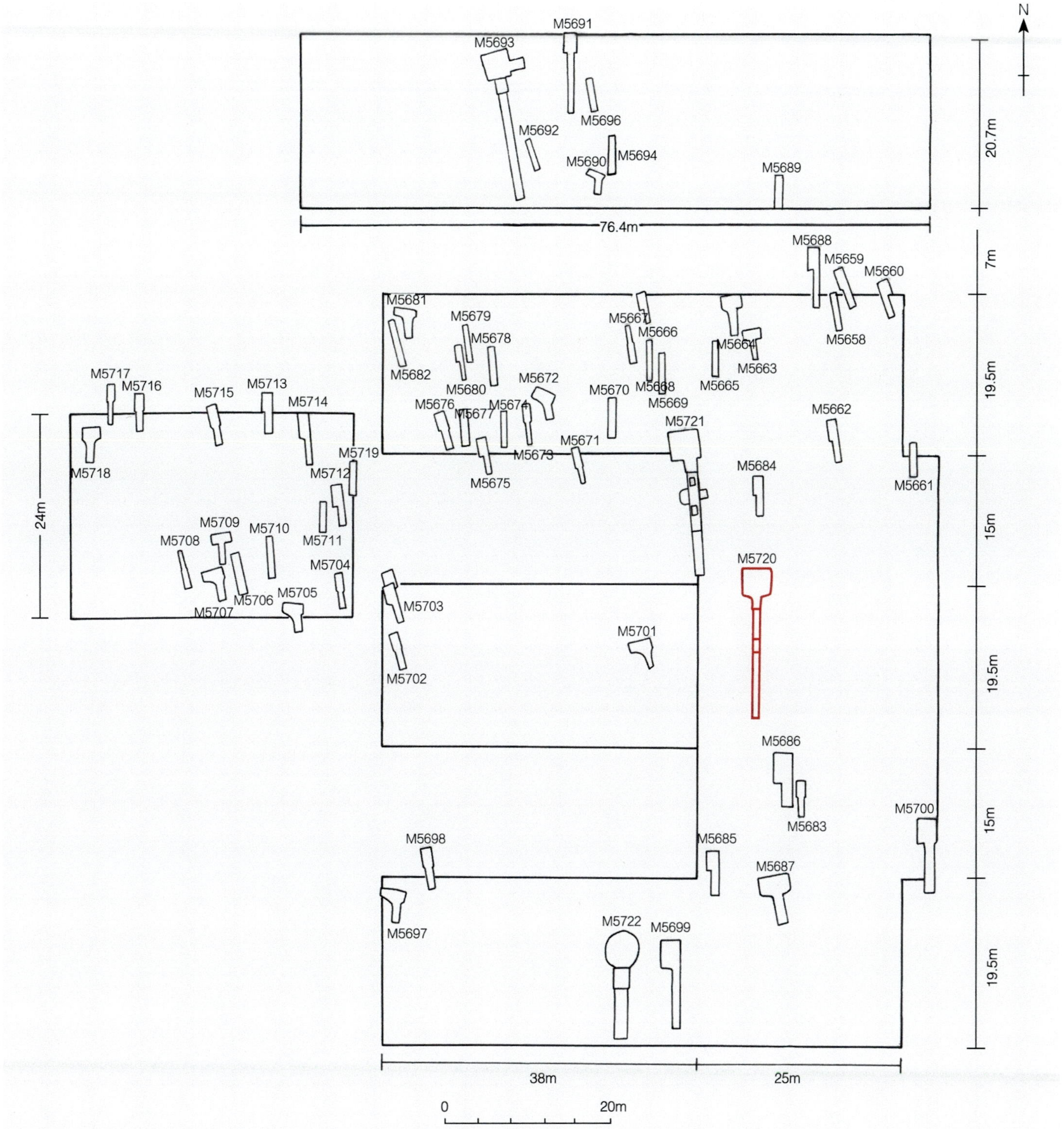
N
M5691
M5693
M5696
M5692
M5690
M5694
M5689
20.7m
76.4m
M5688
M5659
M5660
7m
M5681
M5679
M5678
M5667
M5666
M5664
M5658
M5663
M5682
M5672
M5680
M5670
M5668
M5665
19.5m
M5717
M5716
M5715
M5713
M5714
M5676
M5677
M5674
M5669
M5662
M5721
M5671
M5673
M5719
M5718
M5712
M5675
M5684
M5661
24m
M5709
M5710
M5711
M5708
15m
M5720
M5704
M5705
M5706
M5707
M5703
M5701
M5702
19.5m
M5686
M5683
M5700
M5698
M5685
M5687
15m
M5697
M5722
M5699
19.5m
38m
25m
0
20m

图 3　墓葬分布图

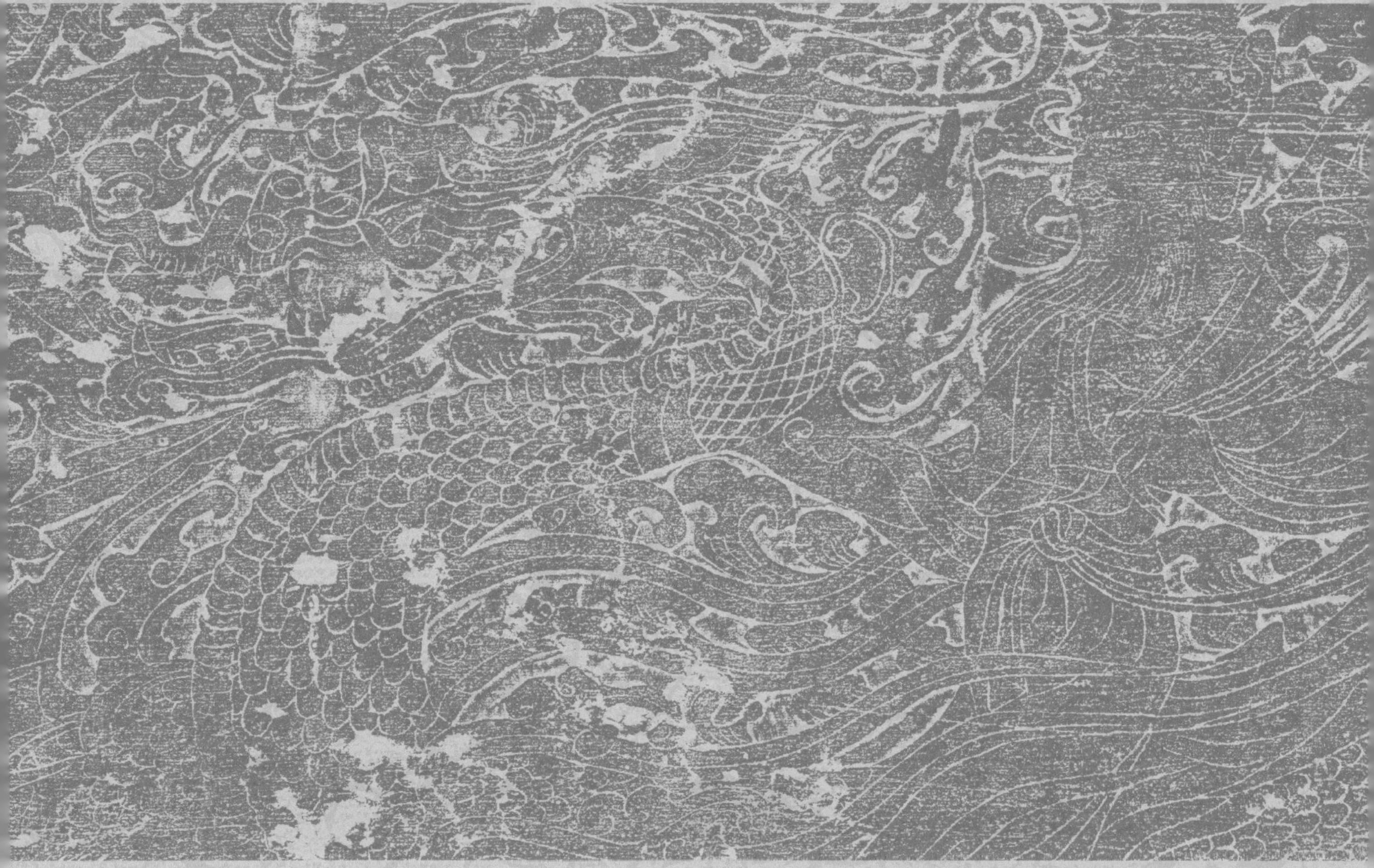

第二章

墓葬形制

北魏墓葬共清理一座（曹连墓），编号C7M5720。具体坐标为：东经112° 26′ 25.3″，北纬34° 36′ 08.1″，海拔150米。墓葬为长方形斜坡墓道的土洞墓，方向180°。整个墓葬由墓道、过洞、天井、甬道、墓室组成（图4、图5）。墓道位于过洞南侧，呈上窄下宽状，长8.02、上口宽0.8、下口宽1米，过洞位于墓道及天井之间，长1.6、宽0.84、南端高1.72、北端高2.72米；天井位于甬道南侧，呈长方形，长3.32、宽0.85米，在天井两侧壁上有用于上下的脚窝（图6），甬道位于天井和墓室之间，长1.8、宽0.93—1.15、高1.86米，墓室位于甬道北侧，平面呈近正方形，墓顶已坍塌，四壁均有不同程度的坍塌，墓室东西长3.5、南北宽3.2、残高3米。墓葬底部距地表8.98米。

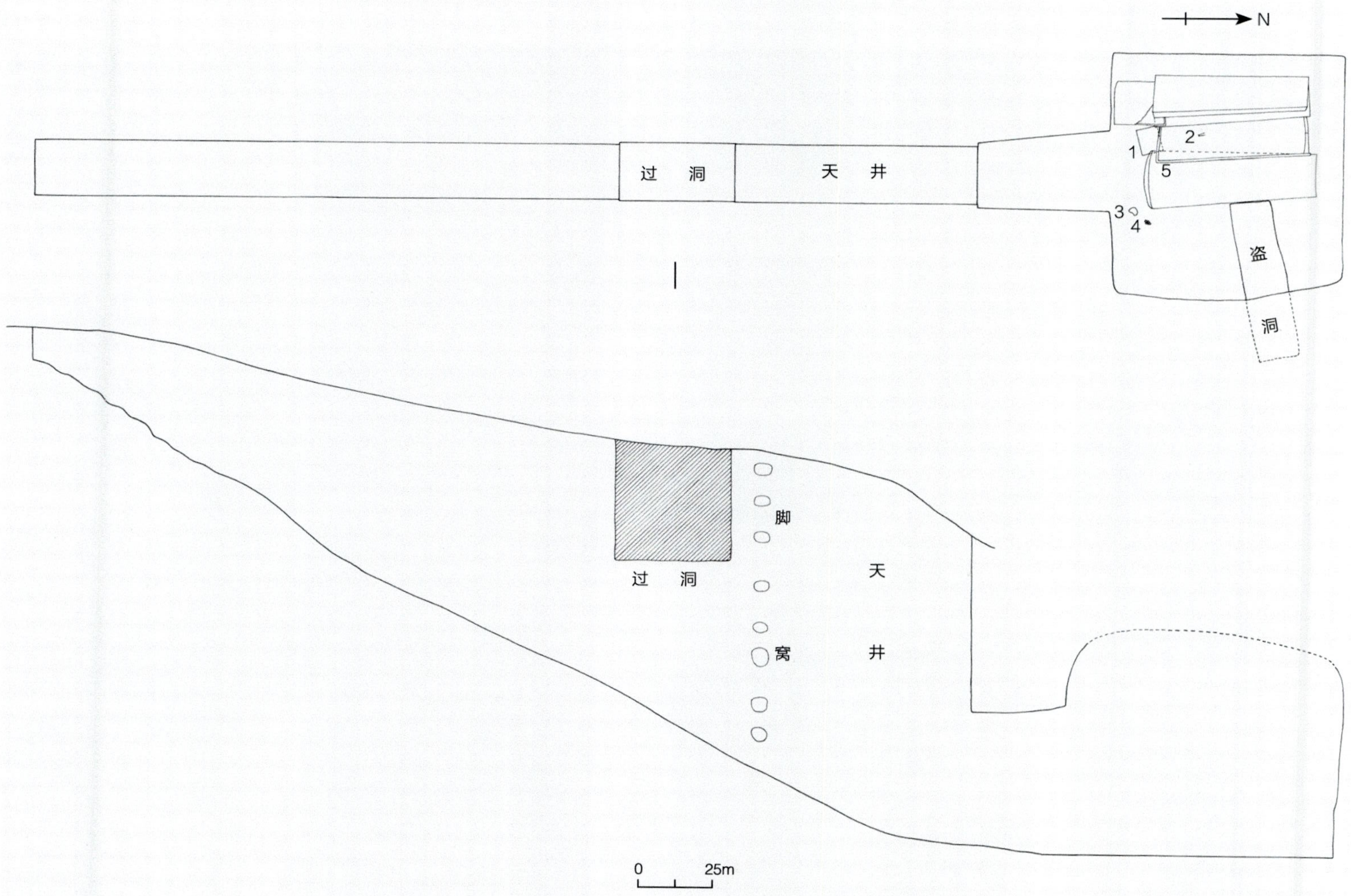

图 4　墓葬平、剖面图

1. 石墓志 2. 银簪 3. 陶碗 4. 铜钱 5. 石棺

图5 发掘现场

图6 天井及墓室

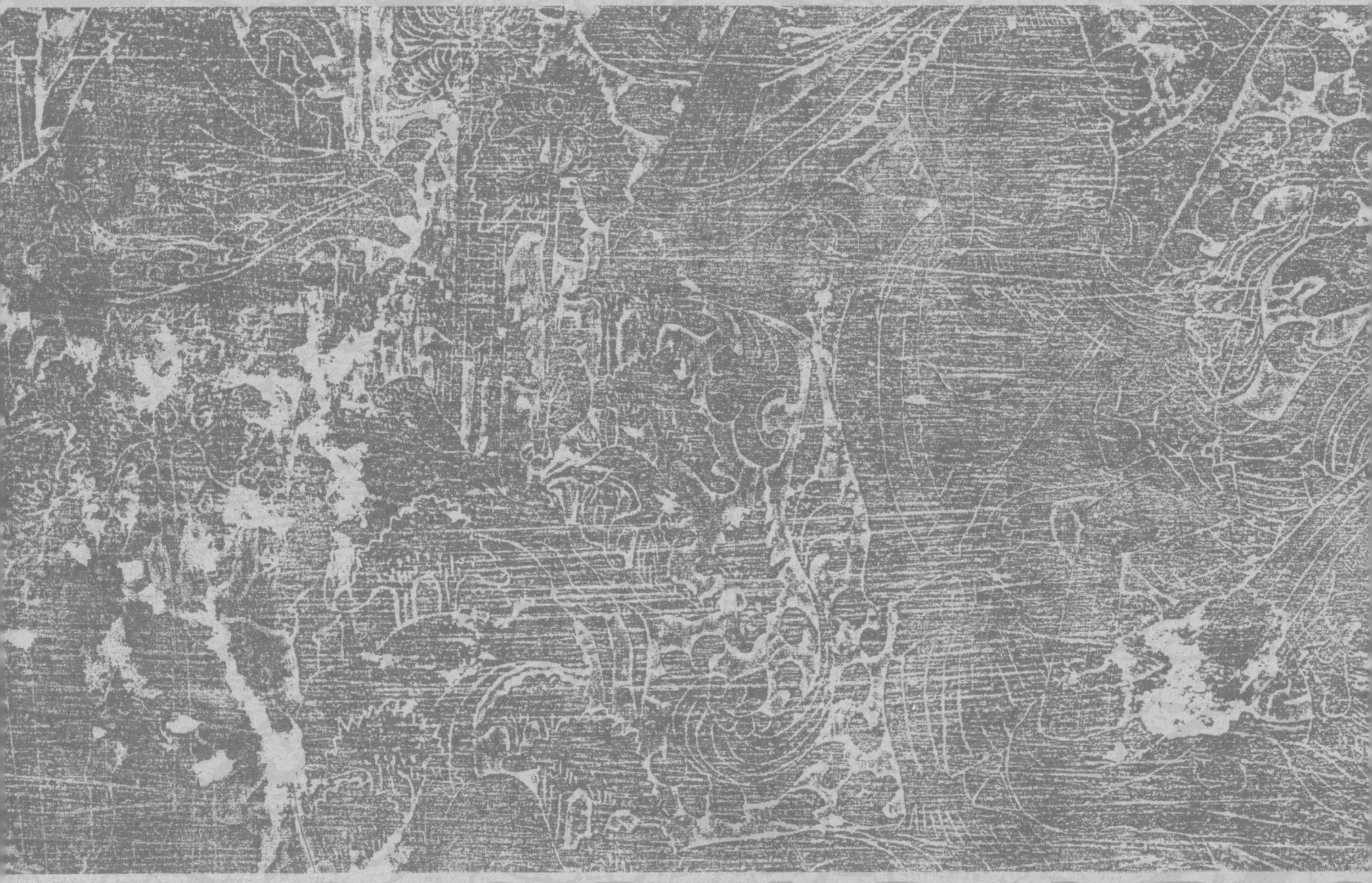

第三章 出土随葬品

该墓被盗扰严重，出土随葬品较少。计有陶碗 1 件、银簪 1 件、铜钱 40 枚、墓志 1 方。

陶碗　1 件（M5720 ：3）。残。口径 13.8、底径 7.4、高 7.8 厘米。泥质灰陶，敞口，圆唇，弧腹较深，平底，底部有轮制痕迹（图 7）。

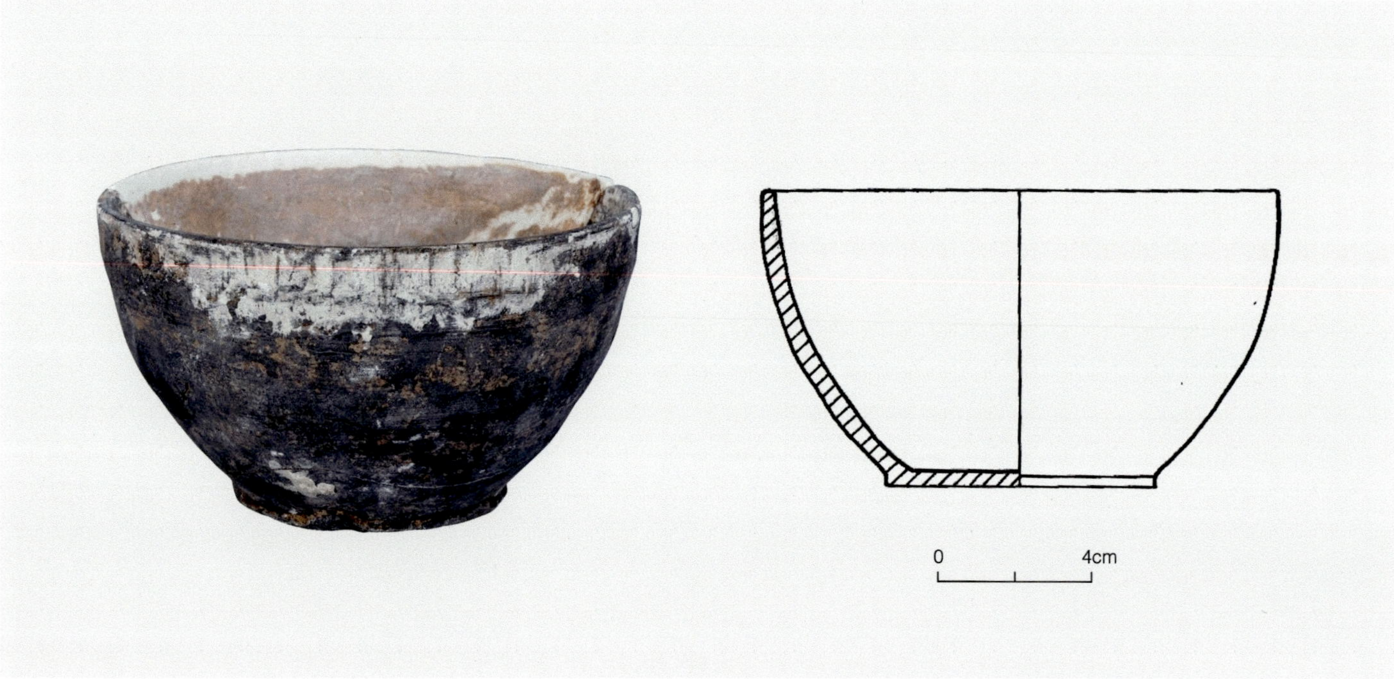

图 7　陶碗

银簪　1 件（M5720 ：2）。长 10.6 厘米，呈“U”字形长条状（图 8）。

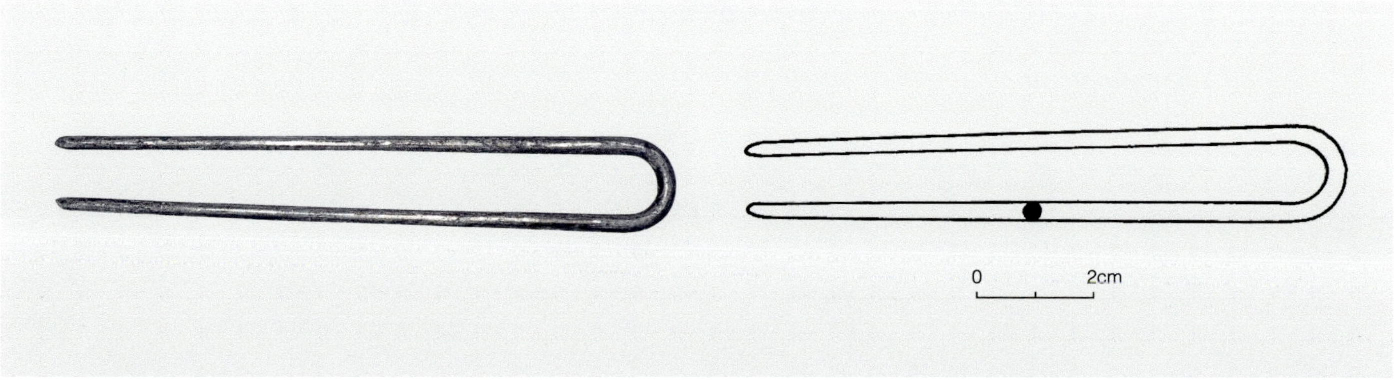

图 8　银簪

铜钱　40枚，直径1.7—2厘米。均为五铢钱，保存状况较差（图9）。

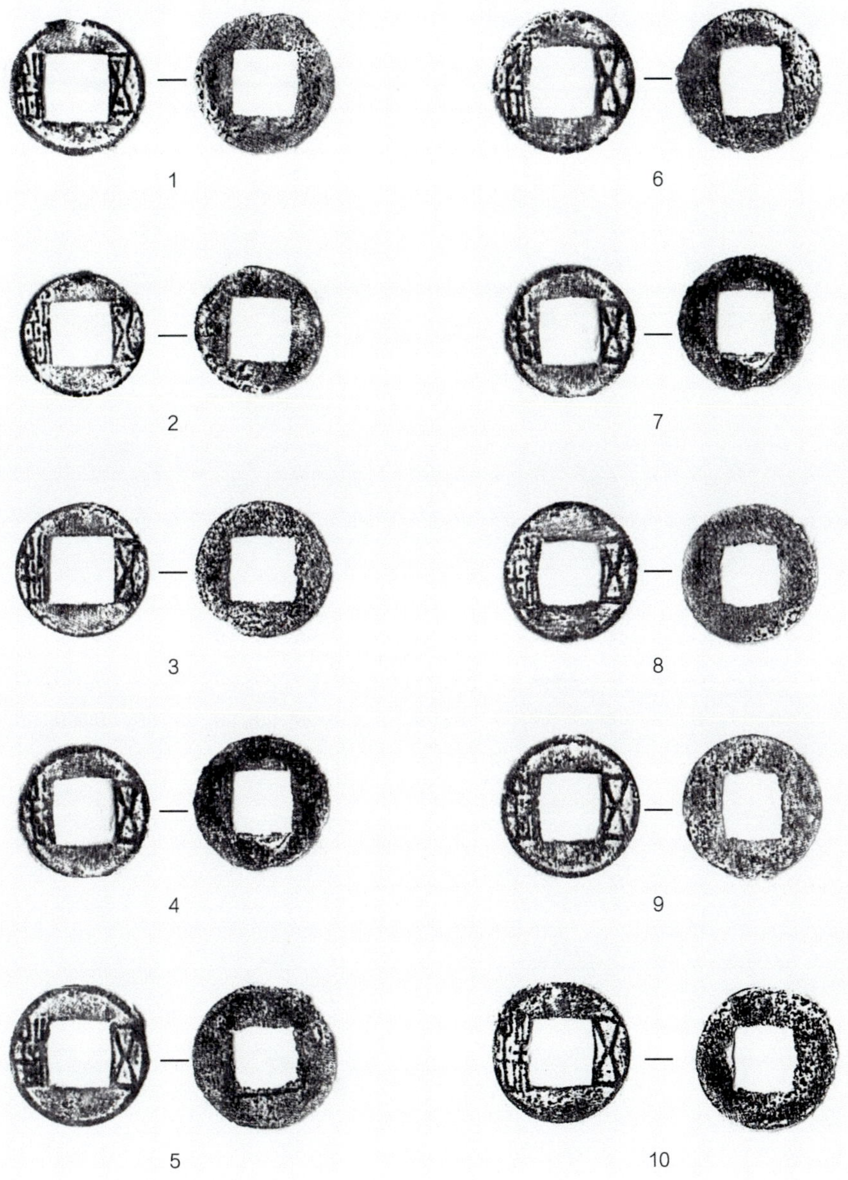

图9　铜钱

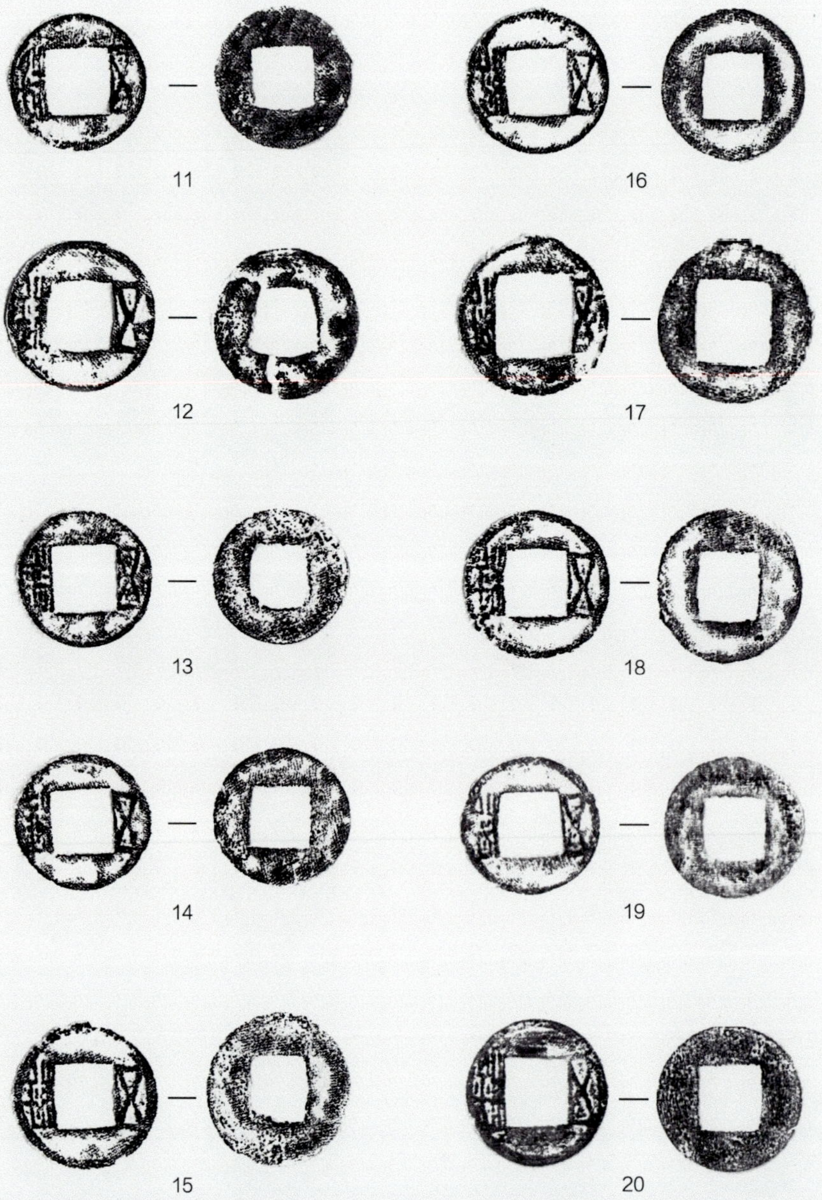

图9　铜钱（续）

墓志　1方（M5720 ：1）。青石质，长方形，长37.4、宽32、厚5.5厘米，未见志盖。墓志名、志文为魏碑体。墓志名称刻写于墓志内容右侧侧边上，阴刻“魏故持节安西将军凉州刺史曹君墓志”。四周无纹饰。志文，共17行，满行13字，共计215字，字写在方形界格内（图10、图11）。

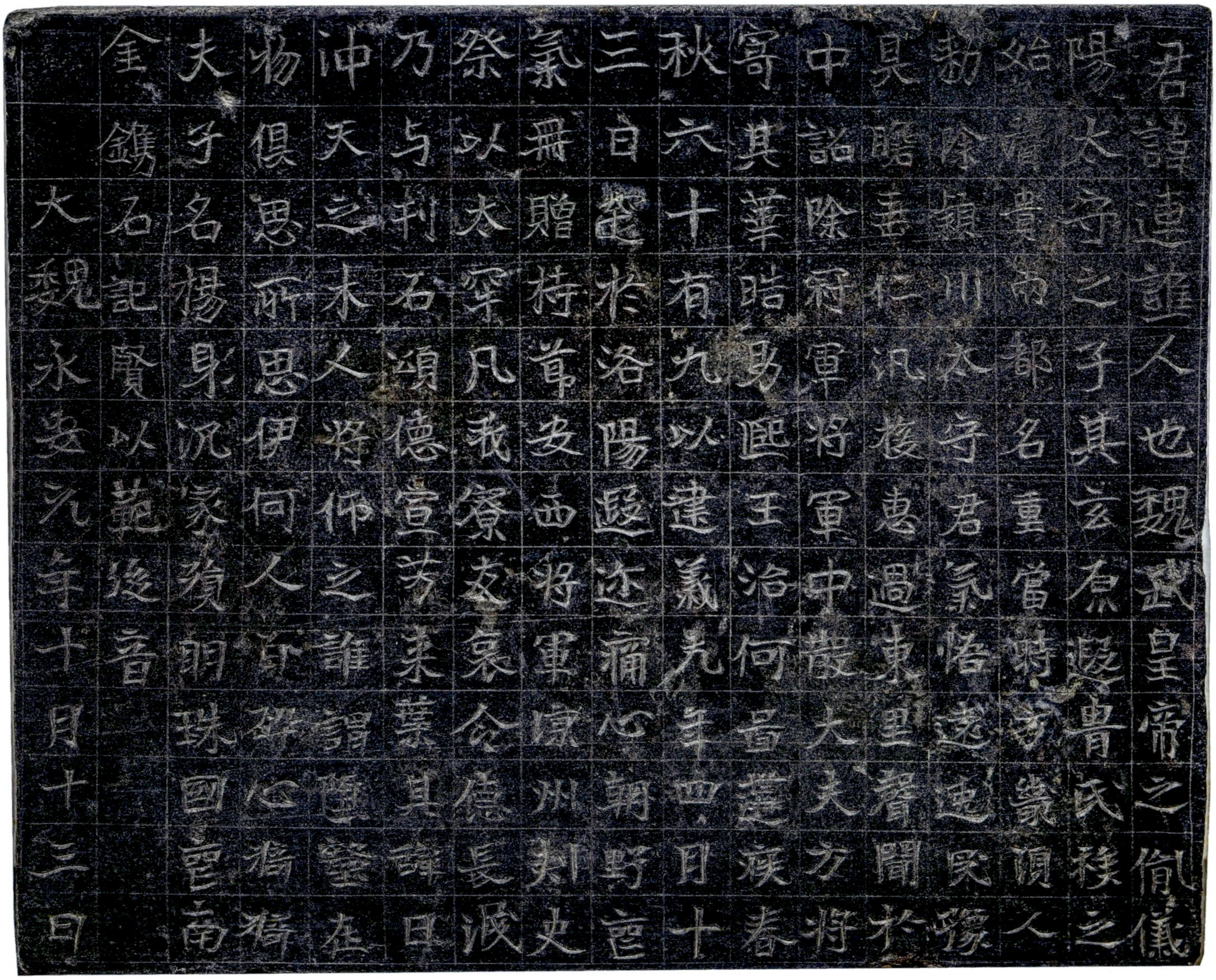

图10　墓志照片

志文抄录如下：

君讳连，谯人也。魏武皇帝之胤，仪 / 阳太守之子。其玄原遐胄，氏族之 / 始，声贵两都，名重当时。方畿须人，/ 勅除颍川太守。君气悟远逸，民豫 / 具瞻，垂仁泛接，惠过东里，声闻於 / 中。诏除冠军将军、中散大夫。方将 / 寄其华晧，助熙王治，何图遘疾，春 / 秋六十有九，以建义元年四月十 / 三日卒于洛阳。遐迩痛心，朝野丧 / 气。册赠持节、安西将军、凉州刺史，/ 祭以太牢。凡我寮友，哀令德长泯，/ 乃与刊石颂德，宣芳来叶。其辞曰：冲天之木，人将仰之；谁谓堕壑，在 / 物俱思。所思伊何，人百碎心；猗猗夫子，名扬身沉。家殒明珠，国丧南 / 金。镌石记贤，以范后音。

大魏永安元年十月十三日

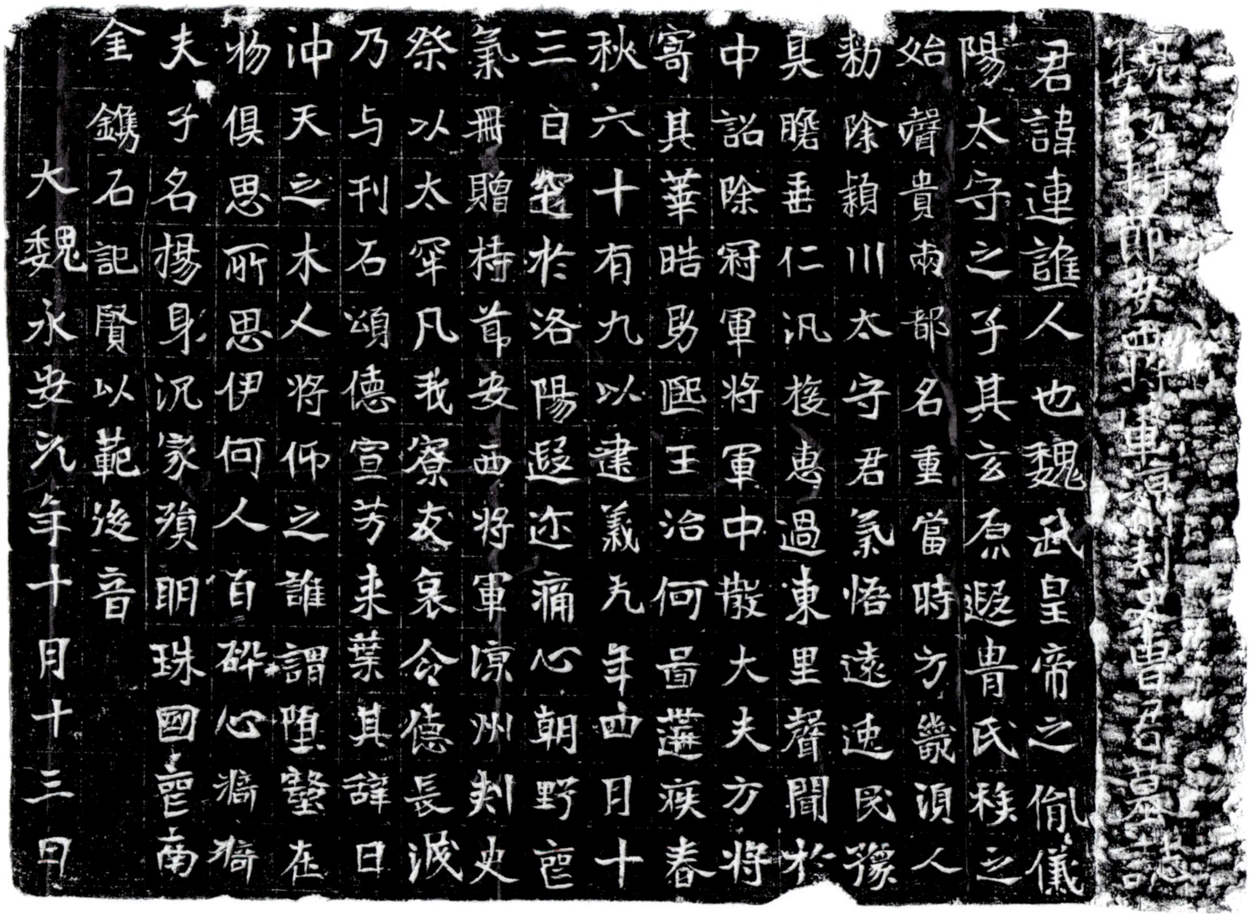

图 11　墓志拓片

学术界对于墓志的起源有很多说法，朱智武先生在其文《中国古代墓志起源新论——兼评诸种旧说》中总结了包括周汉说、战国说、秦代说、西汉说、东汉说、魏晋说、南朝说等七种观点[1]。虽然墓志起源问题存在着较大的争议，但是魏晋南北朝时期正是墓志逐步定型、成熟和完善的时期，这个时期墓志的形制由多样化逐渐统一成覆斗型墓志，上为志盖，下部是方形石板墓志，志盖上内容有刻字、雕刻花纹、两者兼有或者两者皆无，而墓志内容也基本涵盖了志序与铭辞两部分。明代王行在《墓铭举例》中对于墓志志序的体制提出了十三例要求，即："凡墓志铭书法有例，其大要十有三事焉，曰讳、曰字、曰姓氏、曰乡邑、曰族出、曰行治、曰履历、曰卒日、曰寿年、曰妻、曰子、曰葬日、曰葬地其序如此。"[2]

此次发现的曹连墓志从形制上与成熟定型的墓志有很大的区别。其一，该墓志无志盖；其二，平面呈长方形；其三，其志题刻写在墓志的右侧边上。而通观该墓志可以发现，在其内容中缺失字、妻、子、葬地这几项内容，而且文末用刻志日代替了下葬日，或者是否与下葬日不同，也不可知。早期埋在墓中的大部分都是小型碑的形制，到了魏晋时期，更多的出现了方形石板状的墓志替代了碑状形制。形制的变化内容中最显著的一个变化就是志题，从刻写在碑额上面逐渐刻变成志文的开篇，既有志题的性质却又和志文的正文连接在一起。而到后期又逐渐变成志盖刻写志题且志文的开篇同样刻写志题、或者志盖刻写志题而志文的开篇直接叙写志序不再重复志题的形态。曹连墓的书写方式似乎介于后两者之间，既把志题和志文正文分开却又刻写在同一石板上。目前所见的大部分墓志都不使用在最后记载日子的格式，这种格式较多的出现在碑上面。最后记载的铭辞更多地表达的是希望能够让后人铭记墓主人的功绩和美德，似乎缺乏了表达家人的哀思，这也许从一个侧面表明该墓志的志文并非出自其家人之手。

志文中记载了北魏时期的几个官职。

太守。 《魏书 · 志第十九》："上郡太守，右从第三品；中郡太守，右从第四品；下郡太守，右从第五品。"[3]

冠军将军。 《魏书 · 志第十九》："右第三品。"[4]

[1] 朱智武：《中国古代墓志起源新论——兼评诸种旧说》，《安徽史学》2008 年第 4 期。
[2] 林荣华校编：《墓铭举例 · 石刻史料新编》（第 3 辑），台北新文丰出版公司，1986 年。
[3]《魏书》，中华书局，1974 年。
[4]《魏书》，中华书局，1974 年。

中散大夫。《魏书·志第十九》："右从第三品。"[5]

征西将军。《魏书·志第十九》："右从第一品。"[6]

刺史。《魏书·志第十九》："上州刺史，右从第二品；中州刺史，右第三品；下州刺史，右从第三品。"[7]

《魏书·志第十九》记："前世职次皆无从品，魏氏始置之，亦一代之别制也。"[8]根据墓志记载，墓主人曹连（458—528），谯人（现安徽省亳州市），魏武皇帝的后裔，官拜颍川太守，其父做过仪阳太守。曹连死前官职为冠军将军、中散大夫，死后被追封为持节、安西将军、凉州刺史，于建义元年四月十三日卒于洛阳。而这一天对于北魏王朝来说是一个非常重要的日子，这一天发生了历史上著名的"河阴之变"。正史上关于河阴之变的记载如下。

《魏书·帝纪十》记："夏四月丙申，帝与兄弟夜北渡河；丁酉，会荣于河阳。戊戌，南济河，即帝位。以兄彭城王劭为无上王，弟霸城公子正为始平王。以荣为使持节、侍中、都督中外诸军事、大将军、尚书令、领军将军、领左右，封太原王。己亥，百僚相率，有司奉玺绂，备法驾，奉迎于河梁。庚子，车驾巡河，西至陶渚。荣以兵权在己，遂有异志，乃害灵太后及幼主，次害无上王劭、始平王子正，又害丞相高阳王雍、司空公元钦、仪同三司元恒芝、仪同三司东平王略、广平王悌、常山王邵、北平王超、任城王彝、赵郡王毓、中山王叔仁、齐郡王温，公卿已下二千余人。"[9]

《魏书·列传第六十二》记："十三日，荣惑武卫将军费穆之说，乃引迎驾百官于行宫西北，云欲祭天。朝士既集，列骑围绕，责天下丧乱，明帝卒崩之由，云皆缘此等贪虐，不相匡弼所致。因纵兵乱害，王公卿士皆敛手就戮，死者千三百余人。皇弟、皇兄并亦见害，灵太后、少主其日暴崩。"[10]

《北史》卷五记："永安元年夏四月戊戌，帝南济河，即皇帝位。以皇兄彭城王劭为无上王，皇弟霸城公子正为始平王。以尔朱荣为使持节、侍中、都督中外诸军事、大将军、尚书令、领军将军、领左右，封太原王。己亥，百僚相率，有司奉玺绶，备法驾，奉迎于河梁。西至陶渚，荣以兵权在己，遂有异志。乃害

[5]《魏书》，中华书局，1974年。
[6]《魏书》，中华书局，1974年。
[7]《魏书》，中华书局，1974年。
[8]《魏书》，中华书局，1974年。
[9]《魏书》，中华书局，1974年。
[10]《魏书》，中华书局，1974年。

灵太后及幼主，次害无上王劭、始平王子正，又害丞相、高阳王雍已下王公卿士二千人，列骑卫帝，迁于便幕。”[11]

《资治通鉴》卷一百五十二记：“庚子，荣遣骑执太后及幼主，送至河阴。太后对荣多所陈说，荣拂衣而起，沉太后及幼主于河。费穆密说荣曰：‘公士马不出万人，今长驱向洛，前无横陈，既无战胜之威，群情素不厌服。以京师之众，百官之盛，知公虚实，有轻侮之心。若不大行诛罚，更树亲党，恐公还北之日，未度太行而内变作矣！’荣心然之，谓所亲慕容绍宗曰：‘洛中人士繁盛，骄侈成俗，不加芟剪，终难制驭。吾欲因百官出迎，悉诛之。何如？’绍宗曰：‘太后荒淫失道，嬖幸弄权，殽乱四海，故明公兴义兵以清朝廷。今无故歼夷多士，不分忠佞，恐大失天下之望，非长策也。’荣不听，乃请帝循河西至淘渚，引百官于行宫西北，云欲祭天。百官既集，列胡骑围之，责以天下丧乱，肃宗暴崩，皆由朝臣贪虐，不能匡弼。因纵兵杀之，自丞相高阳王雍、司空元钦、仪同三司义阳王略以下，死者二千余人。”[12]

《魏书·帝纪十》记：“壬寅，太原王尔朱荣上表，请追谥无上王为皇帝。余死于河阴者，诸王、刺史赠三司，三品者令仆，五品者刺史，七品以下及民郡、镇。诸死者子孙，听立后，授封爵。诏从之。”[13]

结合志文的记载，我们认为曹连应该是死于“河阴之变”这一政治事件。目前发现的记述有“河阴之变”的墓志，主要集中在北魏皇室元氏墓中，另有少量官员的墓志中也有涉及。曹连墓志文中只是记录了“何图遘疾……卒于洛阳”，还是对这一事件的记述比较隐晦的。曹连死于“河阴之变”，死后得到了北魏皇室的厚封。通过该墓志志文的记述，我们又进一步的证实了《魏书》等史书的关于“河阴之变”的记载，为我们研究北魏王朝的后期政治统治提供了实物材料。

同时墓志中所记的“大魏永安元年十月十三日”有可能是下葬日，但离墓主人逝世的“建义元年四月十三日”有半年之久，这可能与河阴之变事件造成社会的动荡有关。

通过上面对于北魏官职的了解，可知曹连官职并非显赫，而且在墓志志文及史书中均未发现其有特殊功勋，那么在该墓中为何会发现如此精美的石棺呢？

---

[11]《北史》，中华书局，1974 年。
[12]《资治通鉴》，中华书局，1976 年。
[13]《魏书》，中华书局，1974 年。

《三国志》记载："太祖武皇帝沛国谯人也，姓曹，讳操，字孟德，汉相国参之后。"[14]王沈《魏书》曰："其先出于黄帝。当高阳世，陆终之子曰安，是为曹姓。周武王克殷，存先世之后，封曹侠于邾。春秋之世，与于盟会，逮至战国，为楚所灭。子孙分流，或家于沛。汉高祖之起，曹参以功封平阳侯，世袭爵土，绝而复绍，至今適嗣国于容城。"[15]据志文记曹连应该是魏武帝曹操的直系后代。墓志中虽然明确了其为曹操的后代，但是具体是曹操哪一支传下来的几代孙却不明。

《魏书·帝纪第一》记："始祖乃告诸大人曰：'我历观前世匈奴、蹋顿之徒，苟贪财利，抄掠边民，虽有所得，而其死伤不足相补，更招寇雠，百姓涂炭，非长计也。'于是与魏和亲。四十二年，遣子文帝如魏，且观风土。魏景元二年也。"[16]

《魏书·帝纪第二》记："诏曰：'昔朕远祖，总御幽都，控制遐国，虽践王位，未定九州。逮于朕躬，处百代之季，天下分裂，诸华乏主。民俗虽殊，抚之在德，故躬率六军，扫平中土，凶逆荡除，遐迩率服。宜仍先号，以为魏焉。布告天下，咸知朕意。'"[17]

通过这两条史书的记载，可以看出北魏皇室自认与曹魏有着密切的关系。曹连使用精美石棺应该与其曹魏皇族后裔的身份有关，同时也与北魏皇室对于曹氏的特殊优待有关。曹魏在经历了西晋及五胡乱华以后，到了北魏统治时期，曹连还能够享受这种礼遇，我们有理由相信其应是帝系直属。在曹魏帝系中，后期有三少帝，分别为齐王曹芳、高贵乡公曹髦和常道乡公曹奂。

《三国志·魏书》记曹芳："是日迁居别宫，年二十三。使者持节送卫，营齐王宫于河内重门，制度皆如籓国之礼。"[18]

《三国志·魏书》记曹髦："五月己丑，高贵乡公卒，年二十。汉晋春秋曰：帝见威权日去，不胜其忿。乃召侍中王沈、尚书王经、散骑常侍王业，谓曰：'司马昭之心，路人所知也。吾不能坐受废辱，今日当与卿自出讨之。'王经曰：'昔鲁昭公不忍季氏，败走失国，为天下笑。今权在其门，为日久矣，朝廷四方皆为之致死，不顾逆顺之理，非一日也。且宿卫空阙，兵甲寡弱，陛下何所资用，而一旦

[14]《三国志》，中华书局，1975年。
[15]《魏书》，中华书局，1974年。
[16]《魏书》，中华书局，1974年。
[17]《魏书》，中华书局，1974年。
[18]《三国志》，中华书局，1975年。

如此，无乃欲除疾而更深之邪！祸殆不测，宜见重详。’帝乃出怀中版令投地，曰：‘行之决矣。正使死，何所惧？况不必死邪！’于是入白太后，沈、业奔走告文王，文工为之备。帝遂帅僮仆数百，鼓譟而出。文王弟屯骑校尉伷入，遇帝于东止车门，左右呵之，伷众奔走。中护军贾充又逆帝战于南阙下，帝自用剑。众欲退，太子舍人成济问充曰：‘事急矣。当云何？’充曰：‘畜养汝等，正谓今日。今日之事，无所问也。’济即前刺帝，刃出于背。文王闻，大惊，自投于地曰：‘天下其谓我何！’太傅孚奔往，枕帝股而哭，哀甚，曰：‘杀陛下者，臣之罪也。’臣松之以为习凿齿书，虽最后出，然述此事差有次第。故先载习语，以其馀所言微异者次其后。世语曰：王沈、王业驰告文王，尚书王经以正直不出，因沈、业申意。晋诸公赞曰：沈、业将出，呼王经。经不从，曰：‘吾子行矣！’干宝晋纪曰：成济问贾充曰：‘事急矣。若之何？’充曰：‘公畜养汝等，为今日之事也。夫何疑！’济曰：‘然。’乃抽戈犯跸。魏氏春秋曰：戊子夜，帝自将冗从仆射李昭、黄门从官焦伯等下陵云台，铠仗授兵，欲因际会，自出讨文王。会雨，有司奏卻日，遂见王经等出黄素诏于怀曰：‘是可忍也，孰不可忍也！今日便当决行此事。’入白太后，遂拔剑升辇，帅殿中宿卫苍头官僮击战鼓，出云龙门。贾充自外而入，帝师溃散，犹称天子，手剑奋击，众莫敢逼。充帅厉将士，骑督成倅弟成济以矛进，帝崩于师。时暴雨雷霆，晦冥。魏末传曰：贾充呼帐下督成济谓曰：‘司马家事若败，汝等岂复有种乎？何不出击！’倅兄弟二人乃帅帐下人出，顾曰：‘当杀邪？执邪？’充曰：‘杀之。’兵交，帝曰：‘放仗！’大将军士皆放仗。济兄弟因前刺帝，帝倒车下。”[19]

《三国志·魏书》记曹奂：“封魏帝为陈留王，邑万户，居于鄴宫；魏氏诸王皆为县侯。”[20]

史书关于曹氏三少帝的记载，高贵乡公曹髦是被杀，未见史书记载有子嗣出生和死亡，死时年仅二十岁，应无子嗣后裔；常道乡公曹奂在西晋建国后就被迫迁居至邺城，而且其后嗣记述在《晋书》《宋书》等史料中有记载；齐王曹芳登基时年幼，退位时才二十三，“晋受禅，封齐王为邵陵县公。年四十三，泰始十年薨，谥曰厉公”[21]，可知曹芳也应该有后嗣。根据志文及墓葬中使用的精美葬具，推测曹连有可能是齐王曹芳的后嗣。

[19]《三国志》，中华书局，1975 年。
[20]《三国志》，中华书局，1975 年。
[21]《三国志》，中华书局，1975 年。

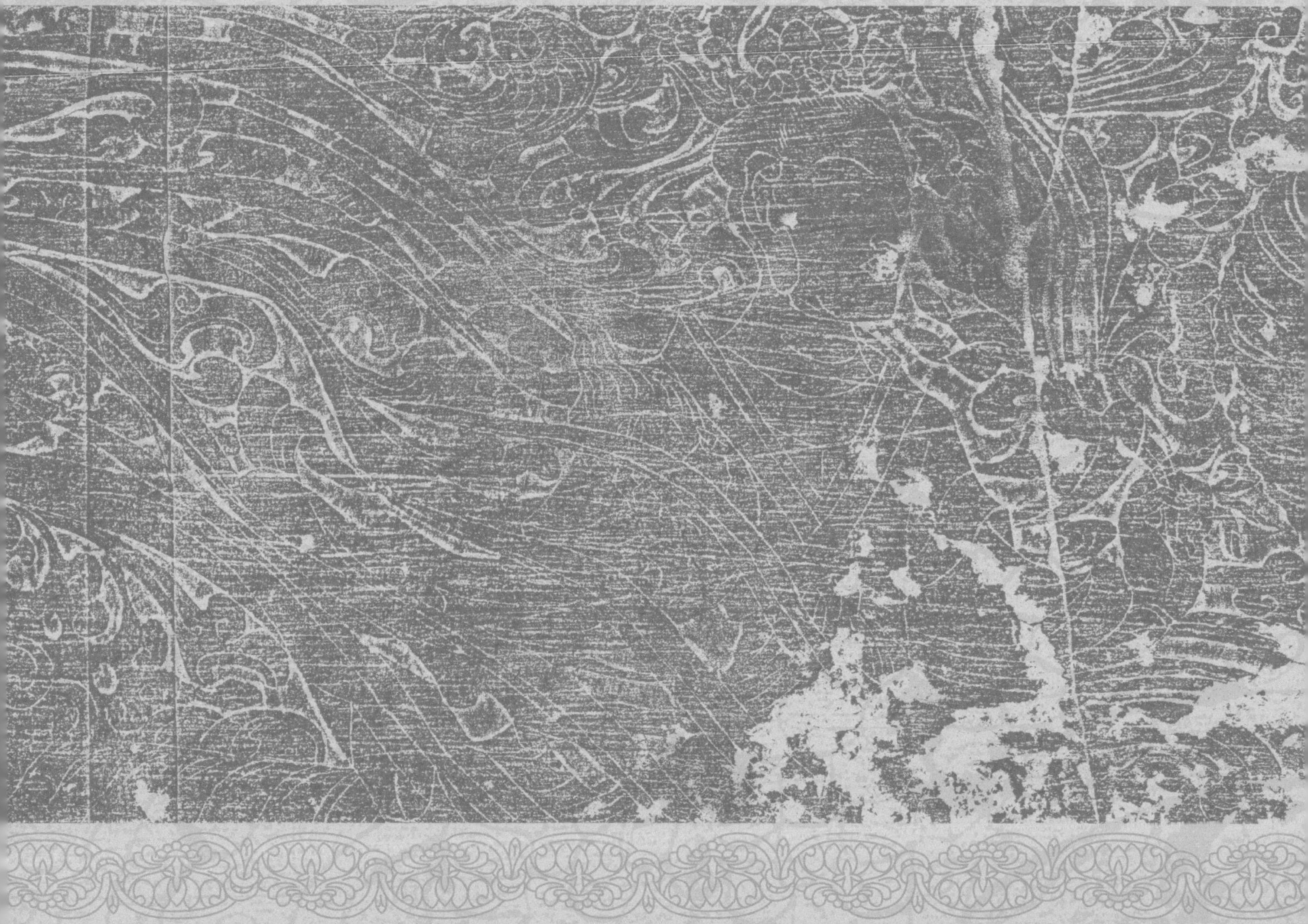

第四章 石棺

一、石棺结构

该墓葬出土青石葬具一套。石质为青色石灰岩，由盖、左右两帮、前后档和底座安榫组成（表 1；图 12—图 15）。

表 1　石棺尺寸

名称 \ 尺寸（cm）	长	宽	厚	高
盖	235	前宽 82 后宽 61	9	
左帮	208—210		9	前高 57 后高 48
右帮	208—210			前高 57 后高 48
底	212.7	前宽 79 后宽 60.5	15	
前档		72	5	61.5
后档		40	4	57.3

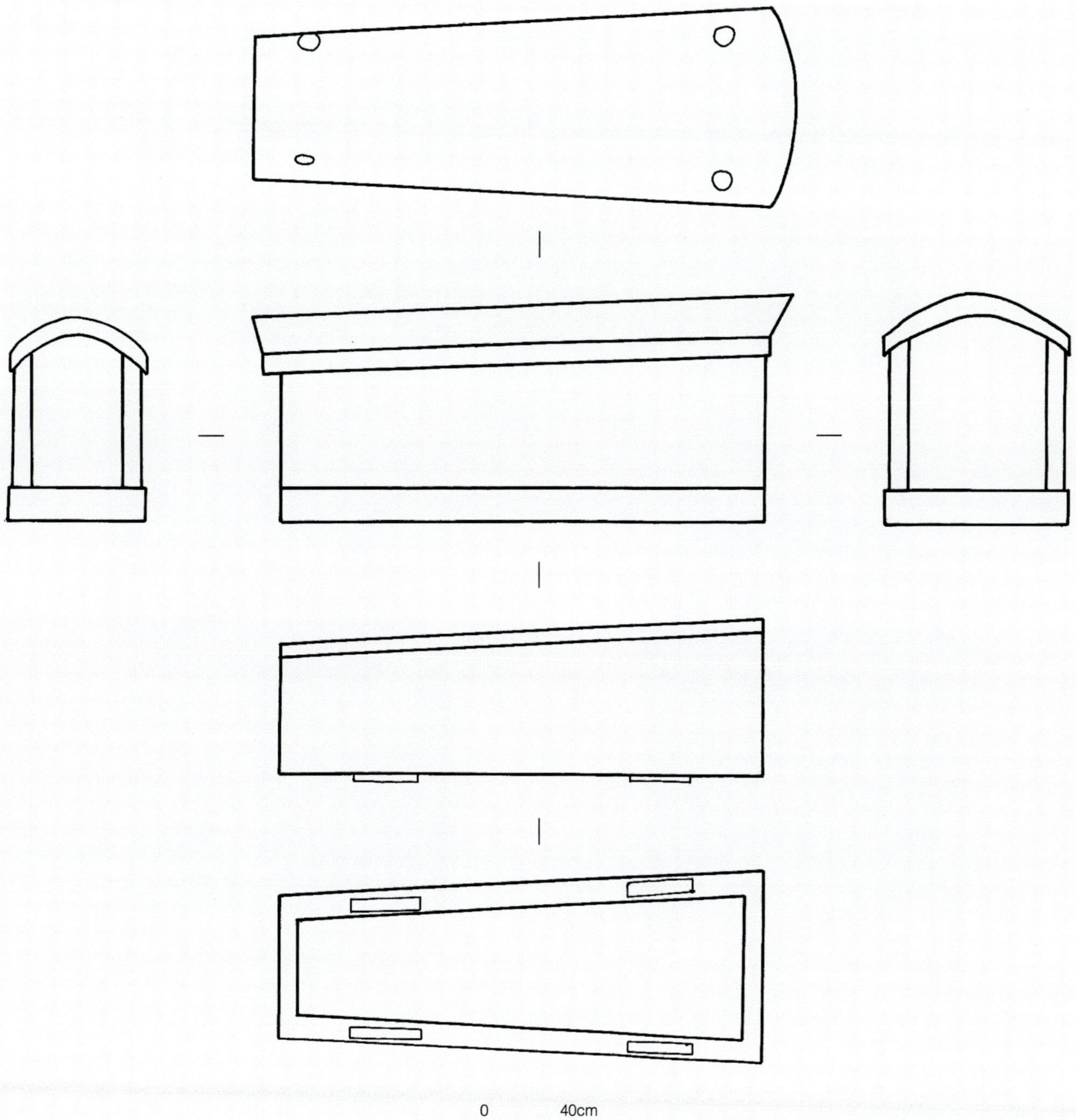

图 12　石棺平、剖面图

图 13　石棺修复后

图 14　石棺修复后

图 15　石棺出土情况

二、雕刻内容

1. 棺盖

棺盖长235、前宽82、后宽61、厚9厘米，表面和内面均为素面，表面有四个铁环。盖周圈雕刻有忍冬纹，在前侧中部似刻划有一火焰祭坛纹饰（图16—图22）。

图16　棺盖四周侧面纹饰示意图

图 17　棺盖左侧面纹饰局部拓片

图 18　棺盖右侧面纹饰局部拓片

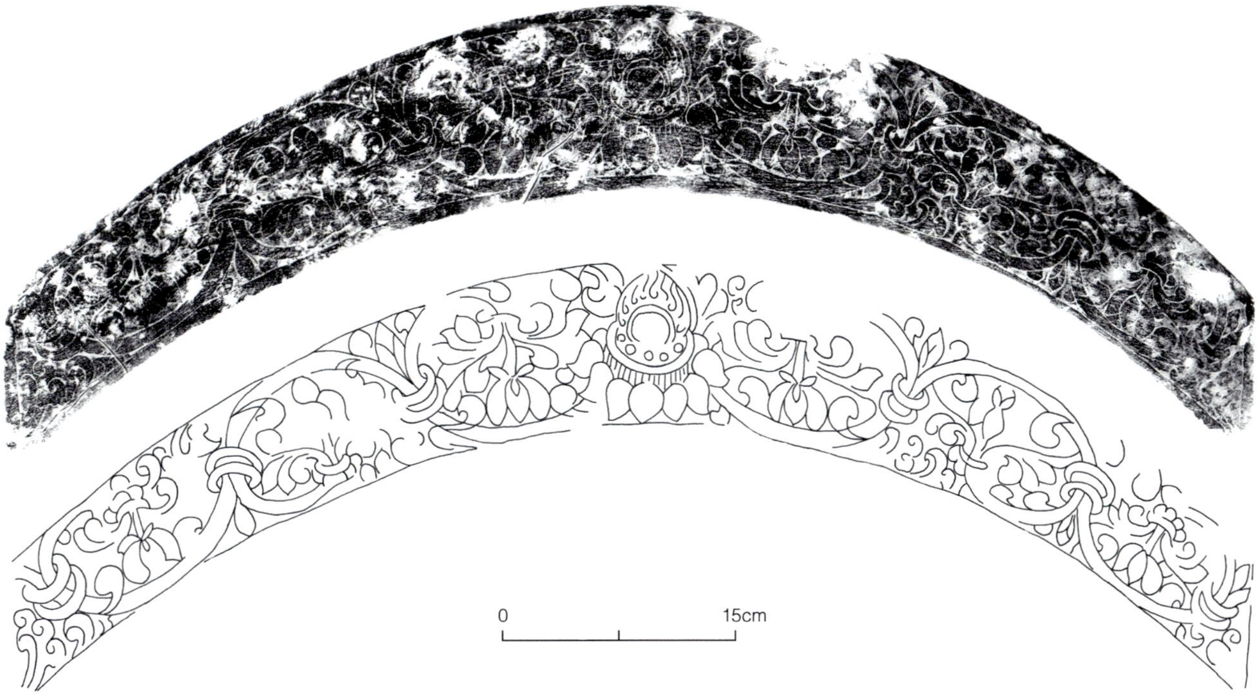

图 19　棺盖前侧面纹饰拓片（上）、线图（下）

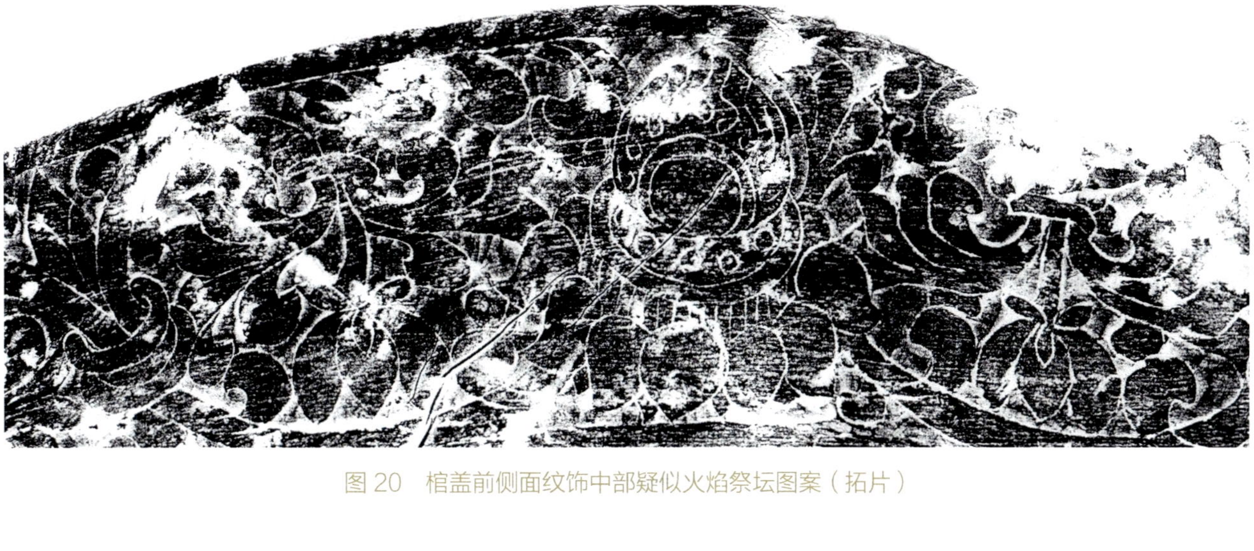

图 20　棺盖前侧面纹饰中部疑似火焰祭坛图案（拓片）

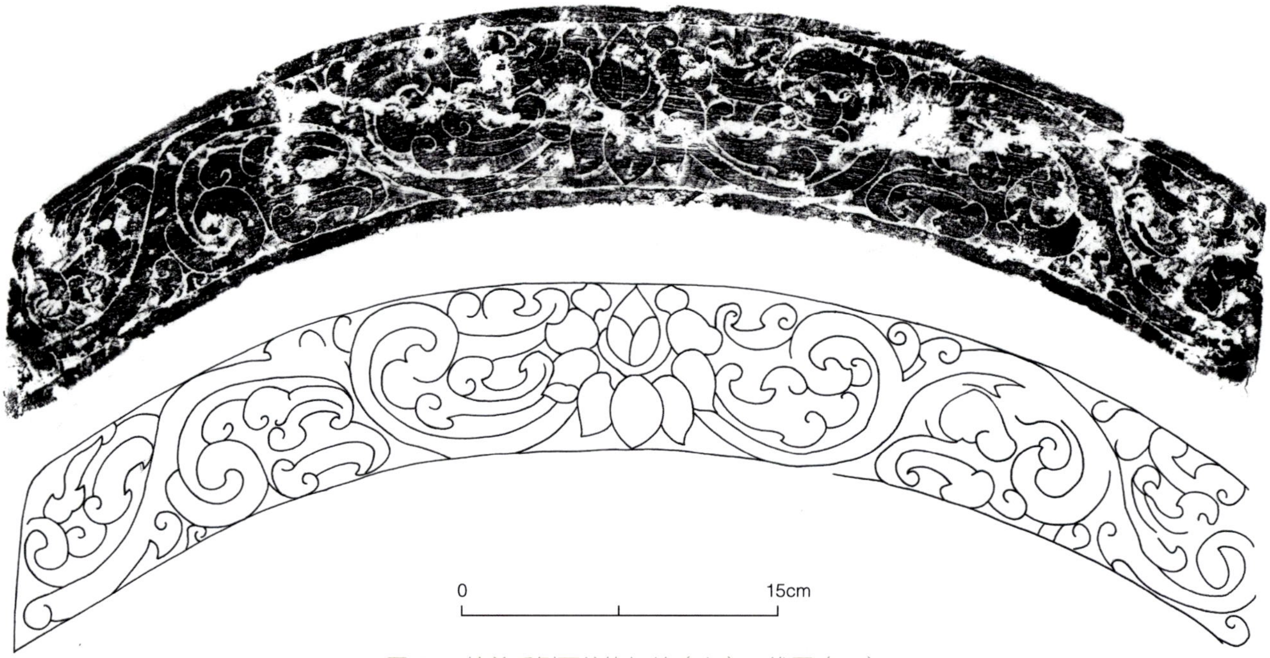

图 21　棺盖后侧面纹饰拓片（上）、线图（下）

图 22　棺盖后侧面纹饰局部拓片

2. 前档

前档宽 61.5、高 72、厚 5 厘米，正中雕刻有门（图 23、图 24）。门呈长方形，宽 34.5、高 44 厘米。门由门额、立颊、门槛组成，门为两扇式，中间有兽头铺首衔环，铺首上下为在一条线上的不相接的联珠纹，门额上刻有莲花宝珠。门额上部刻有兽头，从其形象和部位看，应该是自汉以来所见的方相氏，具有辟邪驱鬼的含义；方相氏两侧之上为头像相对的两个朱雀图案，尖嘴锐目利爪，双翅欲展，气势凶猛。门两侧阴刻有门吏，双手平胸按剑，食指指向门，头戴冠帻，络腮大胡较长，身着长衣，平视，表情严肃（图 25）。门下部为忍冬纹图案。

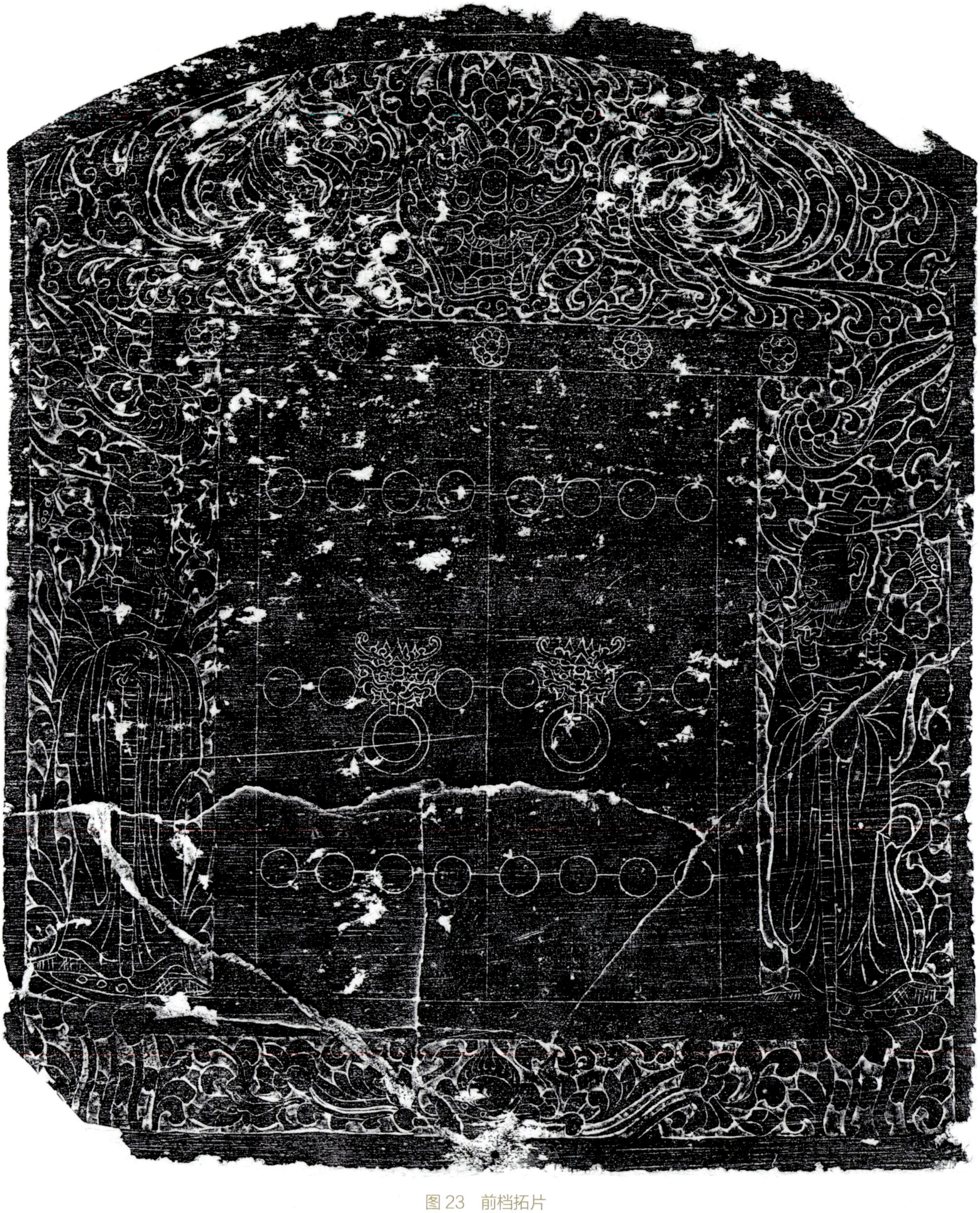

图 23　前档拓片

图 24　前档线图

图 25　前档门吏拓片

3. 后档

后档宽40、高57.3、厚4厘米，图案内容为武士御玄武（图26、图27）。整个图案主要有武士、玄武和蛇组成。武士为一胡人形象，主要刻划了头部，披发，大眼圆瞪，高鼻，大耳，嘴紧闭，络腮大胡，表情严肃（图28）。蛇头在武士头部右下侧，张着大嘴，吐着蛇信（图29），身体环绕着整个图案。下部卷着玄武，蛇尾部卷至右上角。玄武位于图案下部，四足粗状，背部有半圆形仿龟背纹饰，身体被蛇所缠绕，头部向上后扭与蛇头相对，嘴部大张，吐着舌头（图30）。蛇与玄武均表现凶猛，给人以恐惧感。

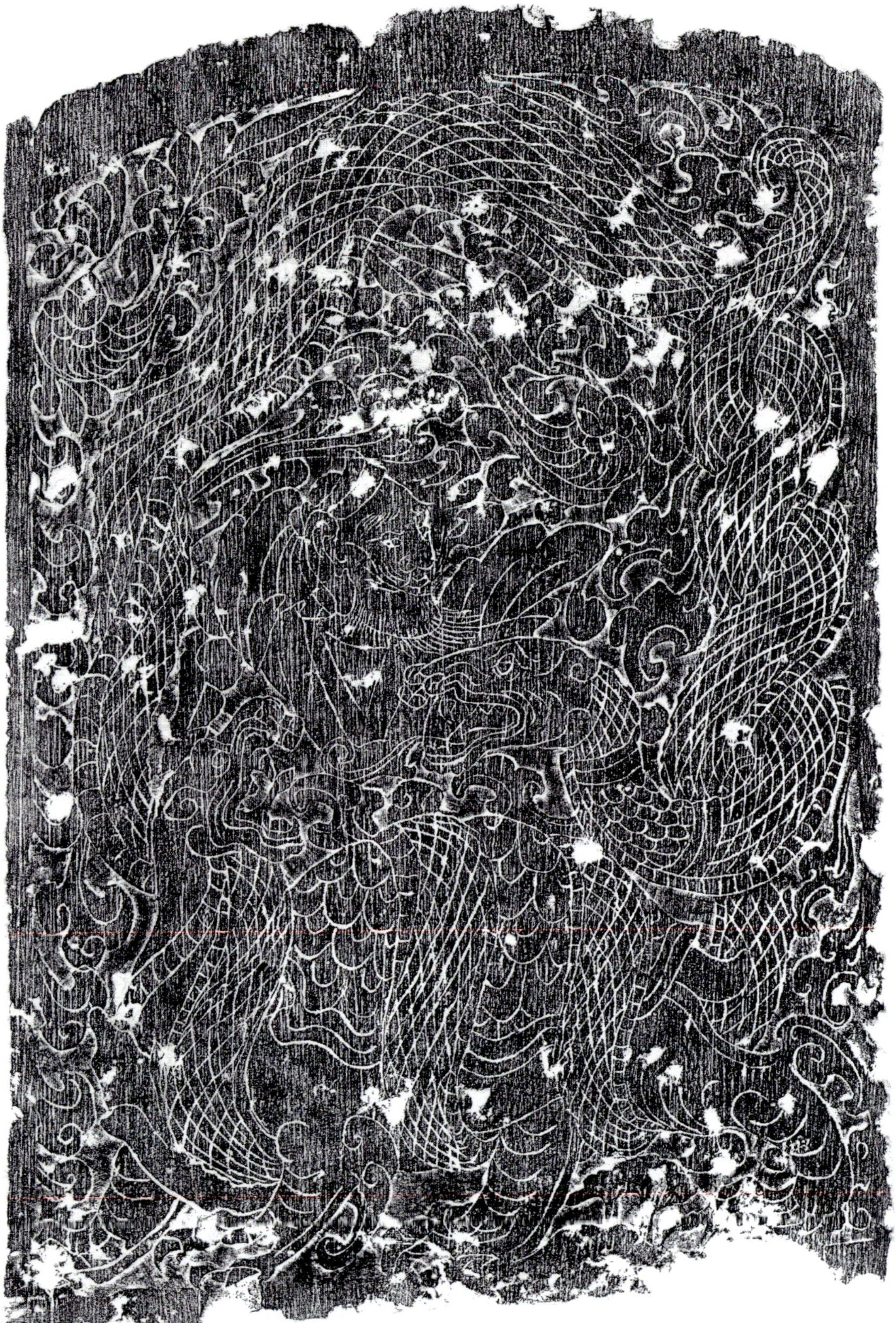

图 26　后档拓片

图 27　后档线图

图 28　后档武士头部细节拓片

图 29　后档蛇头细节拓片

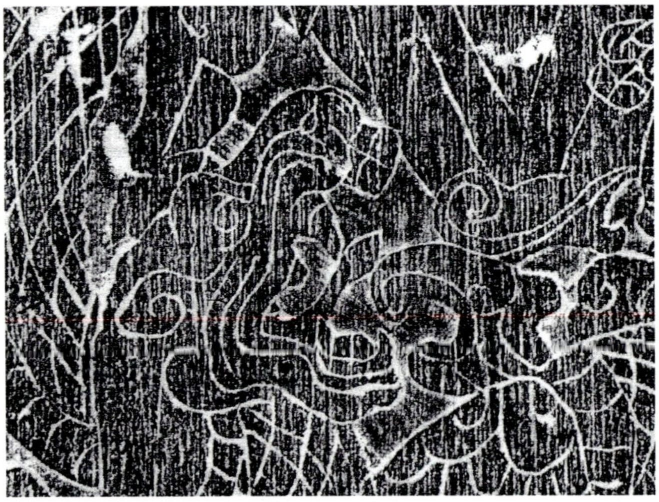
图 30　后档玄武头部细节拓片

4. 左右两帮

左右两帮是石棺雕刻画内容的重点。布局上看，两侧基本一致；从内容上看，主体应该是自秦汉以来流行的升仙图，升仙图主体图案从右向左分为三个部分，前部刻导引的方士，中部为人物乘龙虎升仙主题，后部为护送方士。在棺帮中部下侧还刻有孝子故事图（图 31—图 34）。

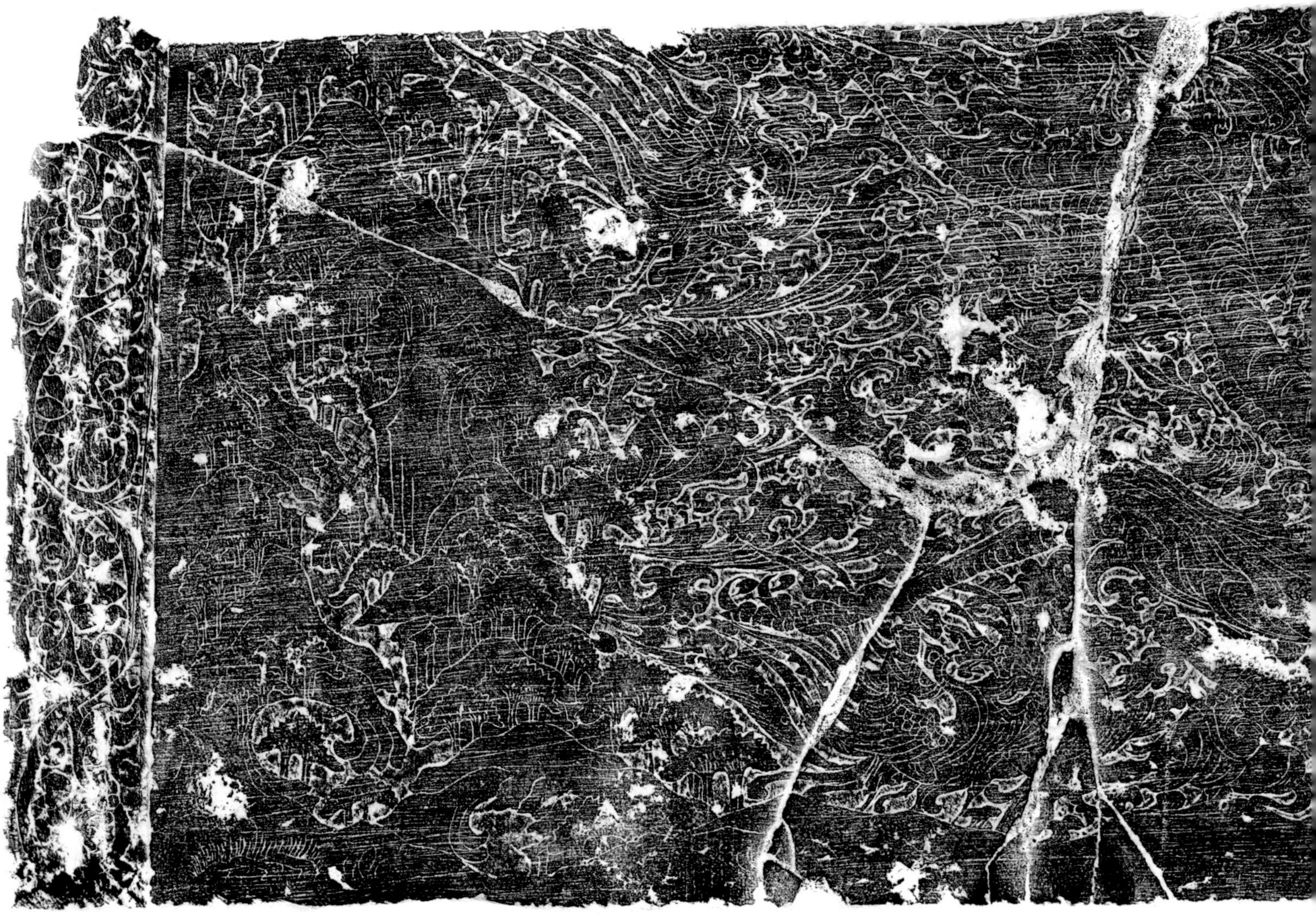

孝子蔡悯
0

子孫

孝子韓

孝子郭巨
15cm

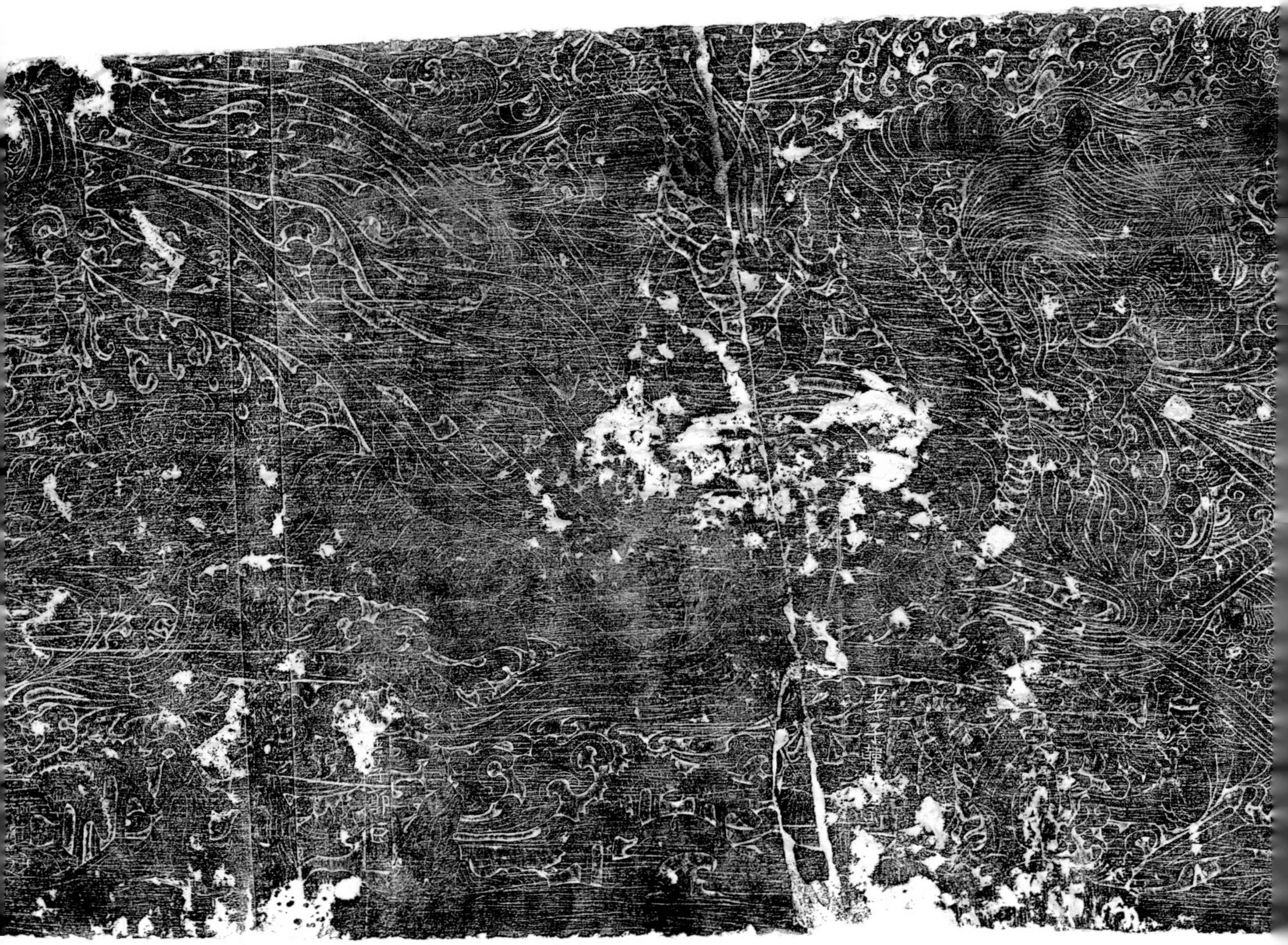

图 31　右帮拓片

图 32　右帮线图

图 33　左帮线图

图 34　左帮拓片

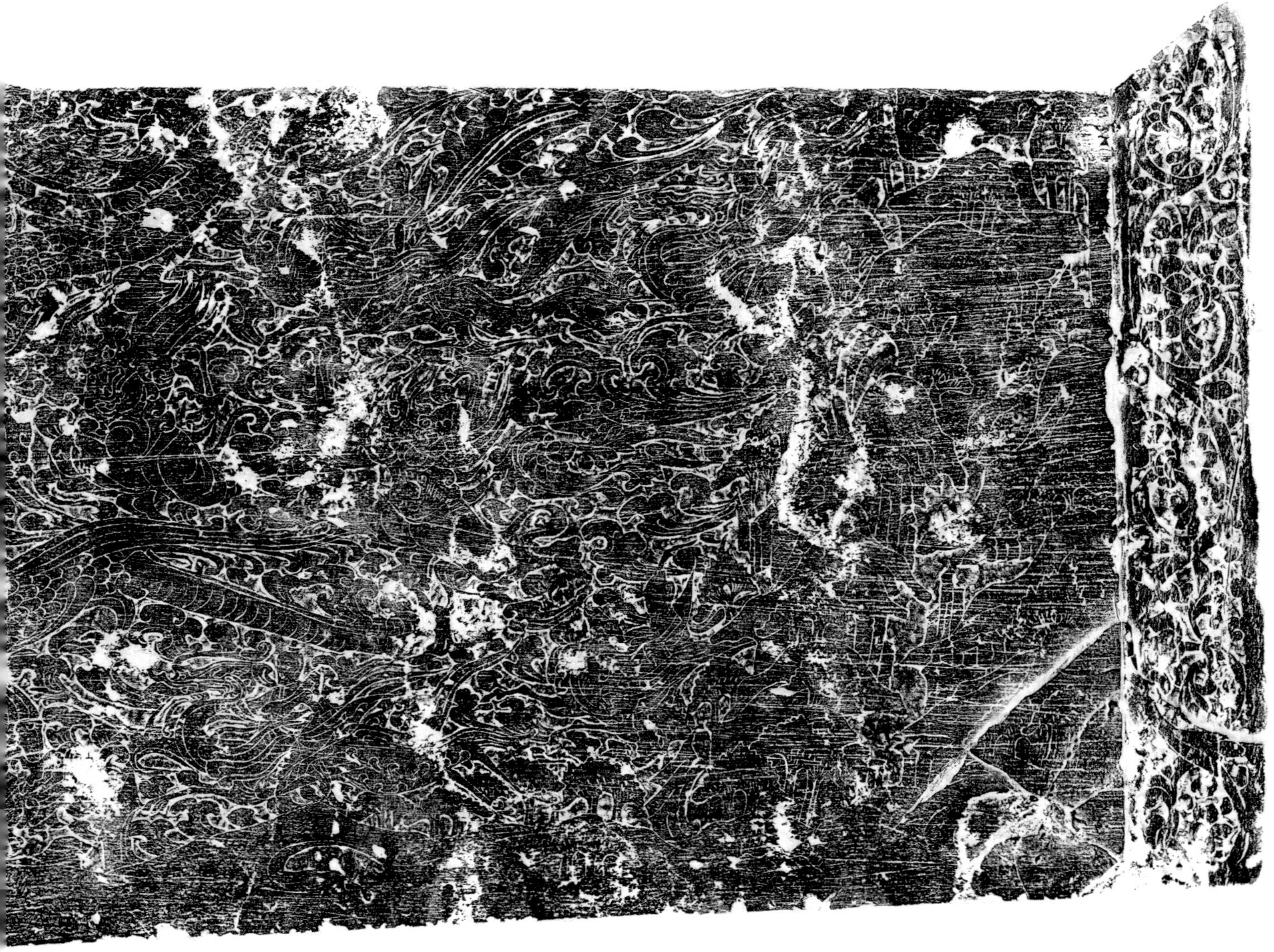

（1）右帮

长 208—210、前高 57、后高 48、厚 9 厘米（见图 31、图 32）。

中间下部为两幅孝子故事图，分别为《孝子郭巨》和《孝子韩伯余》。

孝子韩伯余　刘向《说苑》记载：韩伯逾（余）有过，其母笞之，泣，曰："他日未尝泣，今日何泣也？"对曰："逾他日得笞，常痛，今母力衰，不能使痛，是以泣也。"[22]

该画像中刻划有两个人物，右侧为一女性形象，左侧为一男性，与故事对比可知右侧应为韩伯余母亲，左侧应为韩伯余，具体描述内容不甚清晰（图 35）。

图 35　孝子韩伯余

[22]《太平御览》，中华书局，2000 年。

孝子郭巨　刘向《孝子传》记载："郭巨，河内温人。甚富，父殁，分财二千万为两，分与两弟，己独取母供养。寄住邻，有凶宅无人居者，共推与之，居无祸，患妻产男，虑养之则防供养，乃令妻抱儿，欲掘地埋之，于土中得金一釜，上有铁券，云赐孝子郭巨，巨还宅主，宅主不敢受，遂以闻官，官依券题还巨，遂得兼养儿。"[23]

图中有三个人物，右侧为一跪姿男性，左侧为两个人物，似女性形象，中间有一釜，内陈物，与记载对比推测应是得金养母及妻儿故事（图 36）。

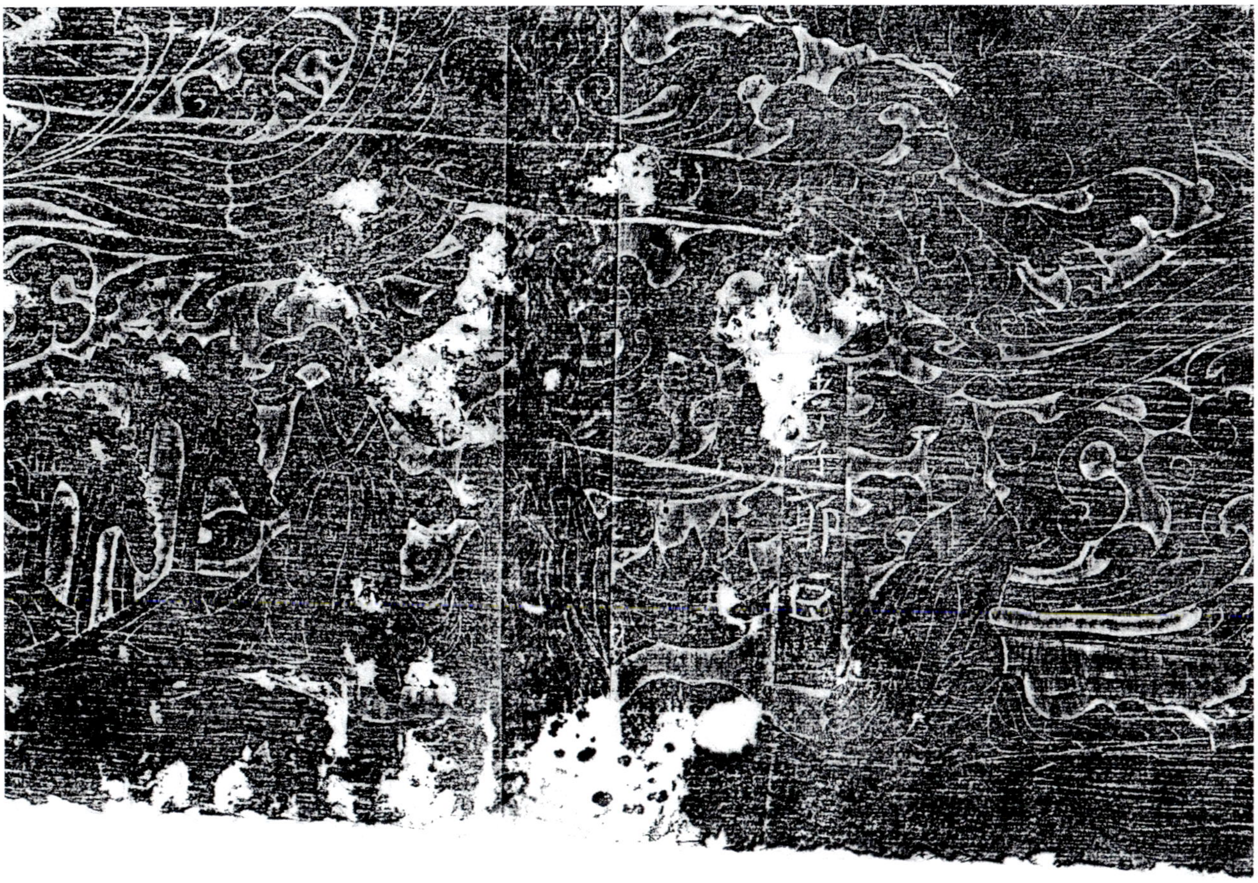

图 36　孝子郭巨

[23]《太平御览》卷四一一，中华书局，2000 年。

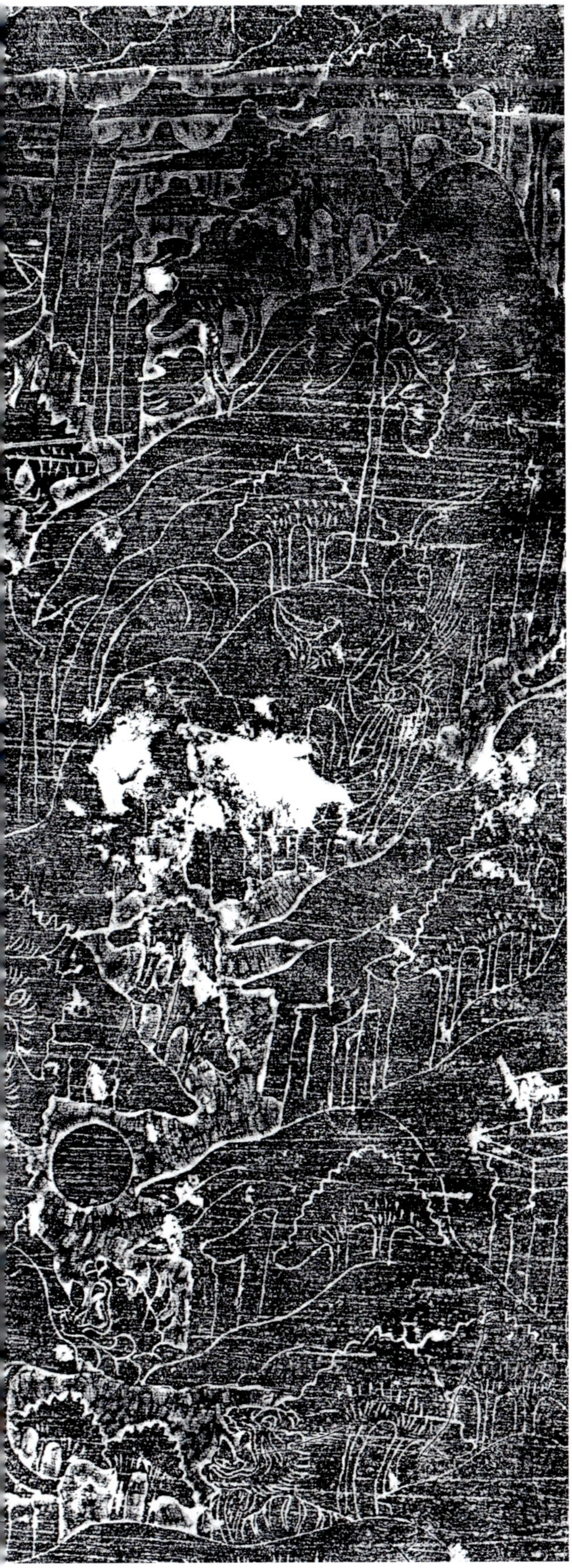

右帮前部，即升仙图前端为线刻山林、楼台、野兽、梅花鹿等图像，右侧下部刻划有一圆形图案，可能是太阳形象，山林中刻划有一羽人手持瓜果等，似是恭迎状，其后为两个引导的方士，均曳长袍戴冠巾、披羽衣、胡须飘逸较长，两人都注视着乘虎之人（图 37）。两个方士的形象不似其他壁画和画像石上的方士那样相貌古怪，更加人格化，人物表现的应该是当时的世族形象，都着“褒衣宽带”，形象“秀骨清眉”（图 38）。

图 37　右帮前部拓片

图 38　右帮前部两引导方士线图

右帮中部，即升仙图中部为一女性身骑白虎，头戴莲花冠，大耳，柳眉杏眼圆睁，人物形象可能是西王母，人物形象与佛教人物形象相似，整个人物坐骑在虎身上，衣带飘逸。虎头对着方士，嘴大张，颈部弯曲，尾部上翘，足腾空飞翔，周围有云气所围绕（图 39、图 40）。

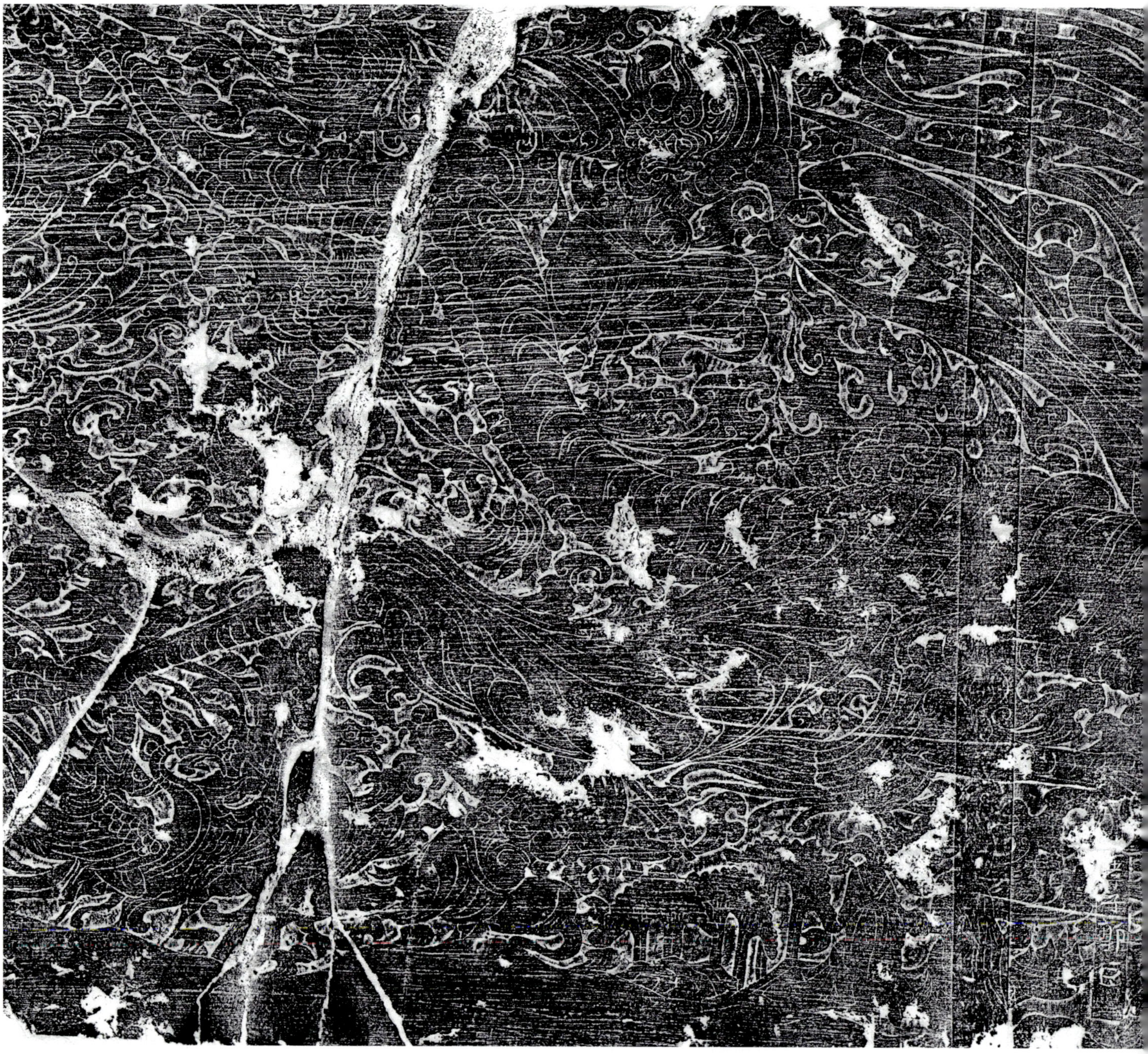

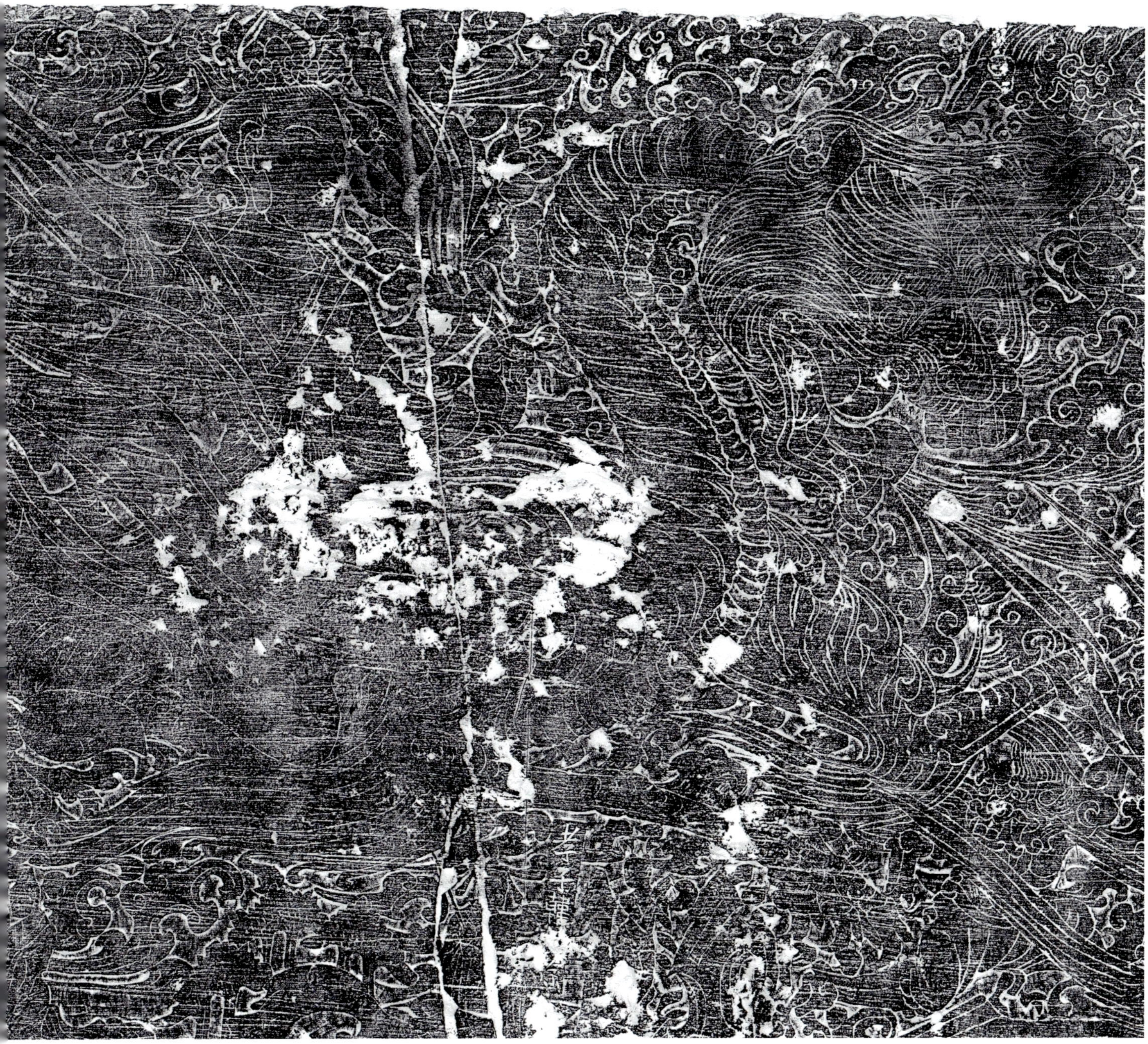

图 39　右帮中部拓片

孝子

图 40　右帮中部线图

右帮后部，即升仙图后部为两个骑凤鸟护法方士，人物为女性形象，形态与西王母形态接近（图 41、图 42）。在画面的后端线刻有山林树木。整个画面繁缛复杂，画面之间既有联系，又主题突出，刻划的升仙内容是虚幻缥缈的，描绘

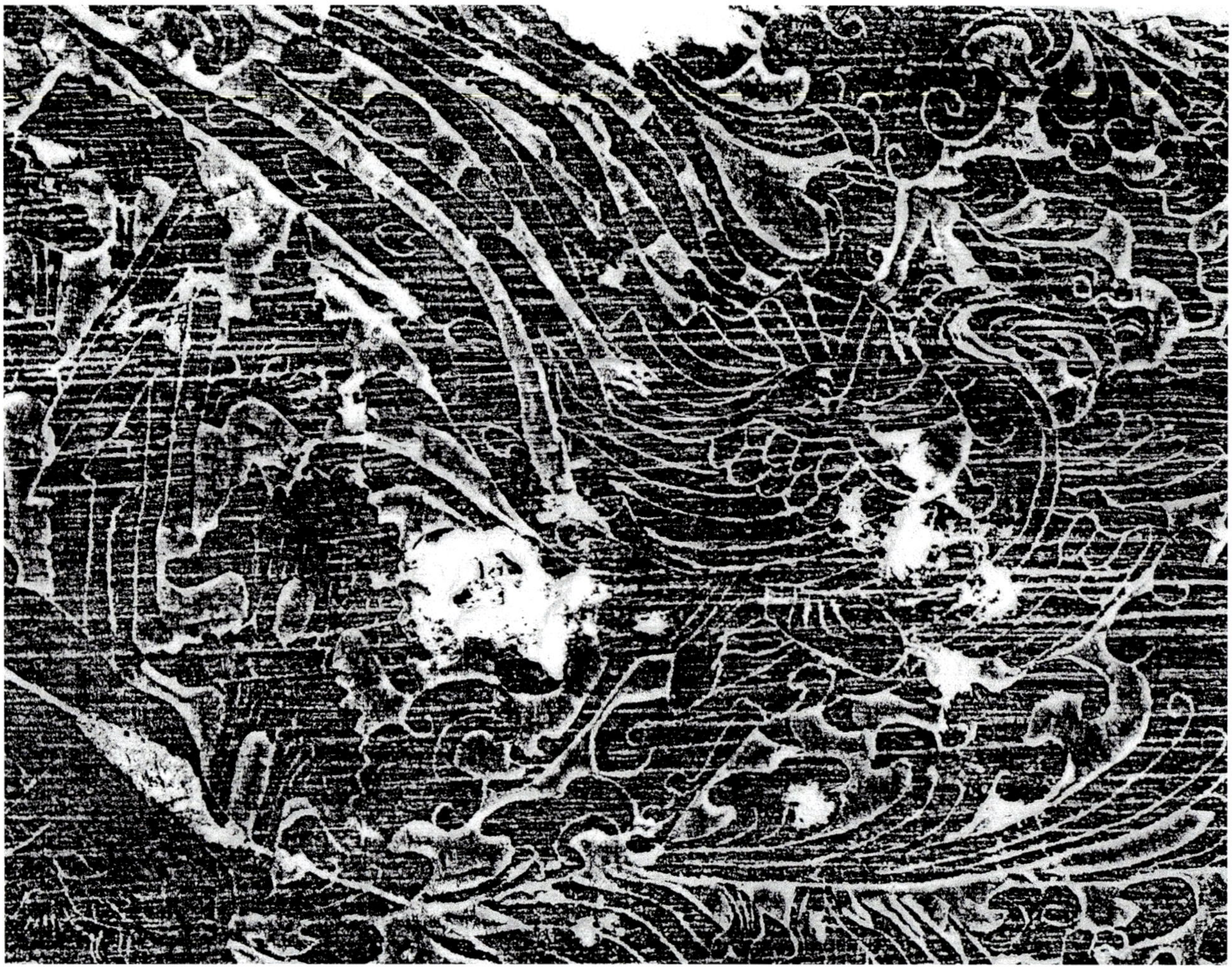

图 41　右帮后部骑凤鸟护法方士拓片

了人们对于天堂及美好生活的追求。整个画面人物刻划清晰，形态上有很大的现实风格，虽然是美好的幻想，但是还是给欣赏者以实感和美感。

帮两头为忍冬纹图案，线条流畅优美。

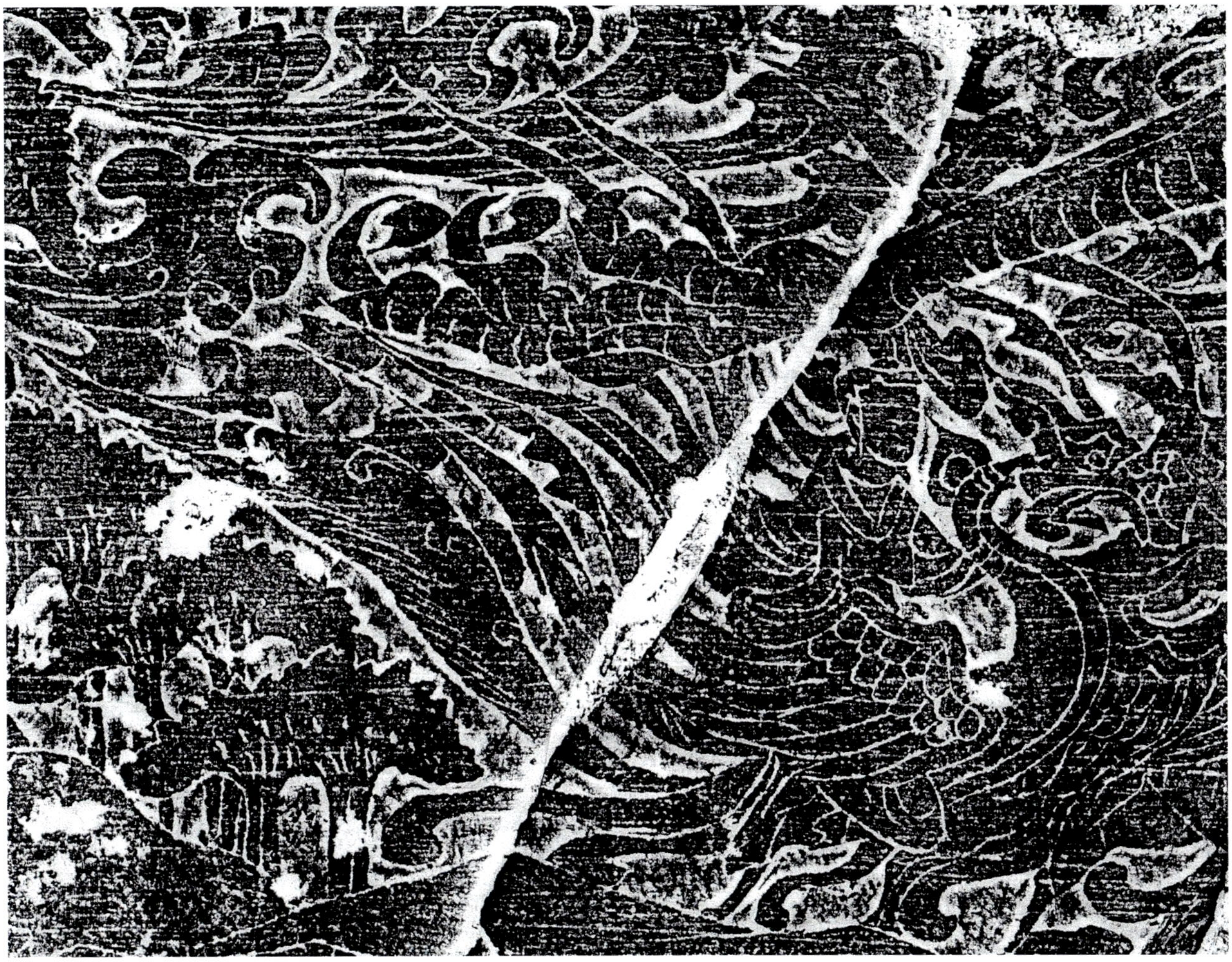

图 42　右帮后部骑凤鸟护法方士拓片

（2）左帮

长 208—210、前高 57、后高 48、厚 9 厘米（见图 33、图 34）。

中间下部为两幅孝子故事图，分别为《子孙原穀》和《孝子蔡顺》。

子孙原穀　《孝子传》记载：“原穀者，不知何许人也，祖年老，父母厌患之，意欲弃之，穀年十五，涕泣苦谏，父母不从，乃作舆升弃之，穀乃随，收舆归，父谓之曰：‘尔焉用此凶具。’穀云：‘后父老不能更作得，是以取之耳。’父感悟，愧惧，乃载祖归侍养，克己自责，更成纯孝，穀为纯孙。”[24]

图中刻有三个人物，其中右侧为一老者坐于舆升上，左侧为跪一男一女，后边一舆升。通过与故事对比，推测很有可能是描绘的载祖归侍养的内容（图 43）。

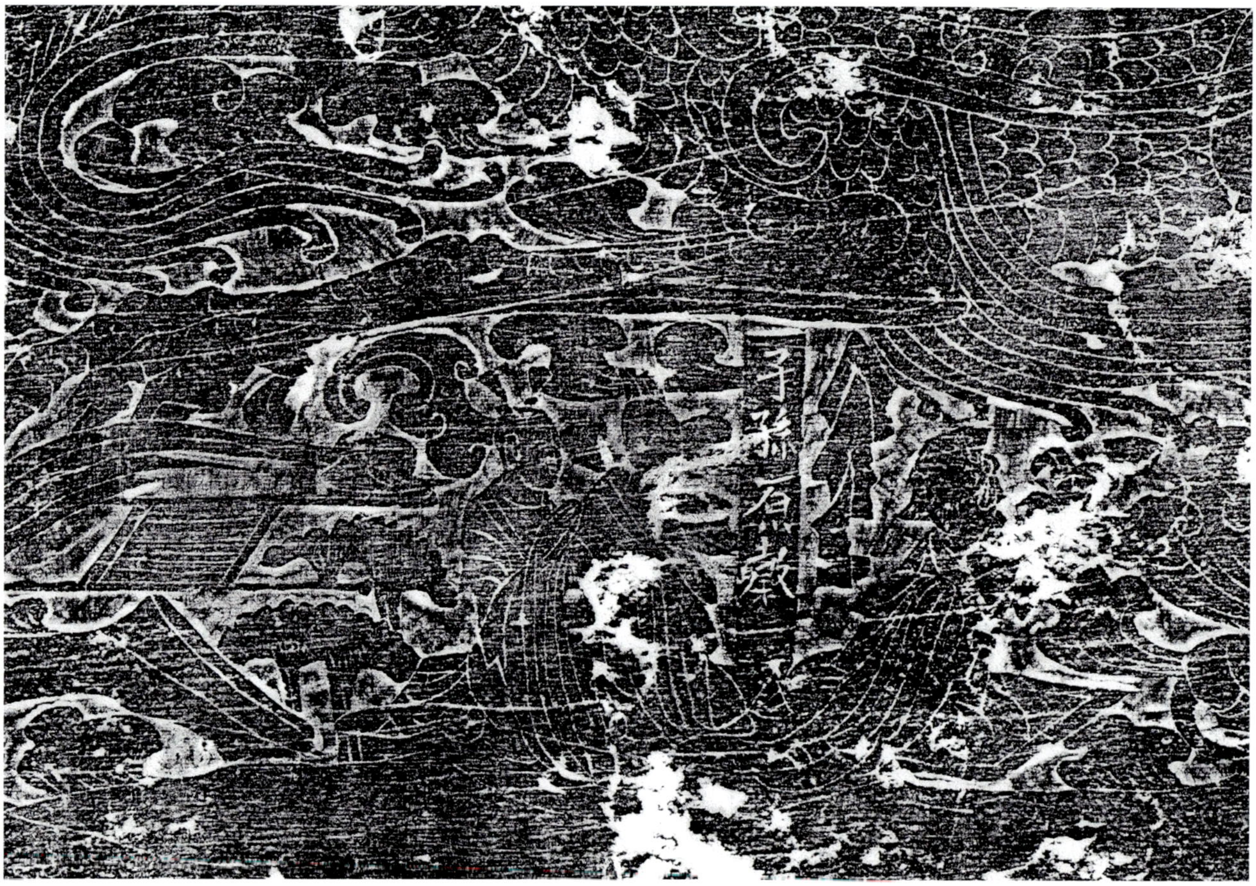

图 43　子孙原穀

[24]《太平御览》，中华书局，2000 年。

孝子蔡顺　《后汉书》记载："蔡顺，字君仲，亦以至孝称。顺少孤，养母。尝出求薪，有客卒至，母望顺不还，乃噬其指，顺即心动，弃薪驰归，跪问其故。母曰：'有急客来，吾噬指以悟汝耳。'母年九十，以寿终。未及得葬，里中灾，火将逼其舍，顺抱伏棺柩，号哭叫天，火遂越烧它室，顺独得免。太守韩崇召为东？祭酒。母平生畏雷，自亡后，每有雷震，顺辄圜冢泣，曰：'顺在此。'崇闻之，每雷辄为差车马到墓所。后太守鲍众举孝廉，顺不能远离坟墓，遂不就。年八十，终于家。"[25]

图中刻有一人跪在坟前，坟上依稀可见雨线。对照《后汉书》所记载，该故事表现的应该是蔡顺"闻雷泣母"的情节（图 44）。

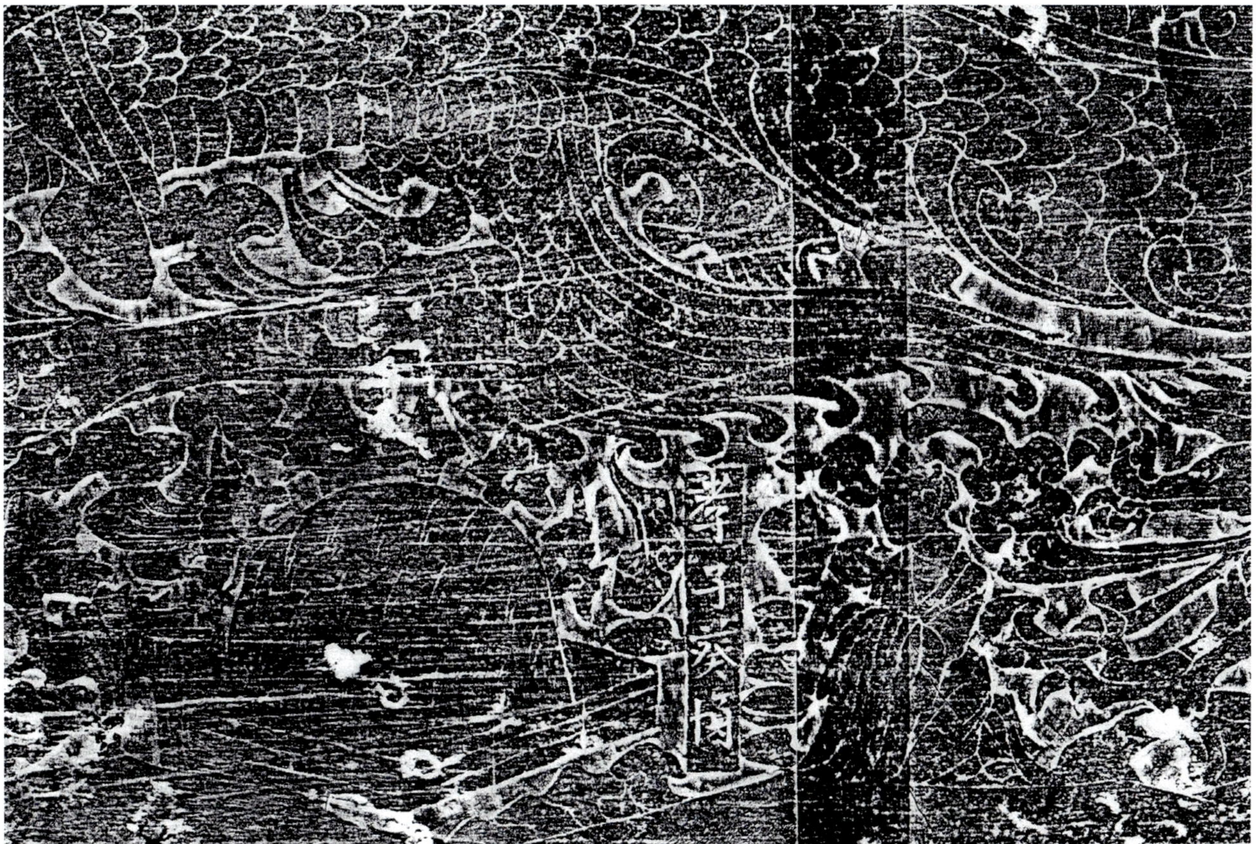

图 44　孝子蔡顺

[25]《后汉书》，中华书局，1973 年。

左帮前部，即升仙图前部为山林、两个引导的方士，方士均曳长袍戴冠巾、披羽衣、胡须飘逸较长，两人都注视着乘龙之人（图 45、图 46）。

图 45　左帮前部两引导方士拓片

图 46　左帮前部两引导方士线图

左帮中部，即升仙图中部为一男性乘着飞龙，头戴冠巾，大耳，大眼圆睁，颌下有长胡须，人物形象可能是刻划的东王公，整个人物坐骑在龙身上，衣带飘逸。龙头昂扬对着方士，嘴大张，颈部弯曲，尾部上翘，足腾空飞翔，身上鳞片清晰，周围有云气所围绕（图 47）。

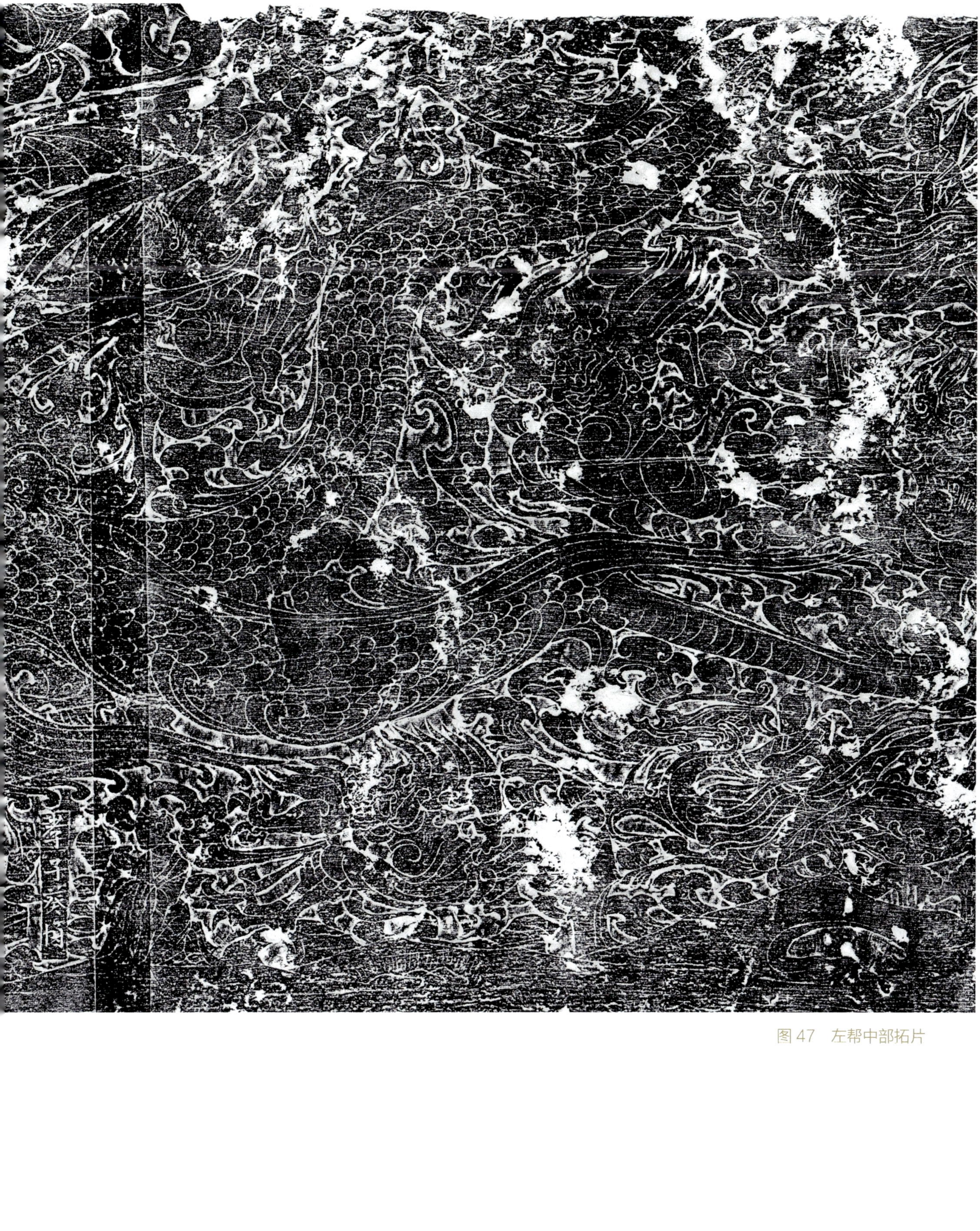

图 47　左帮中部拓片

升仙图后部为四个骑龙护法方士，形态与方士、东王公接近（图 48、图 49）。帮两头为忍冬纹图案，线条流畅优美。

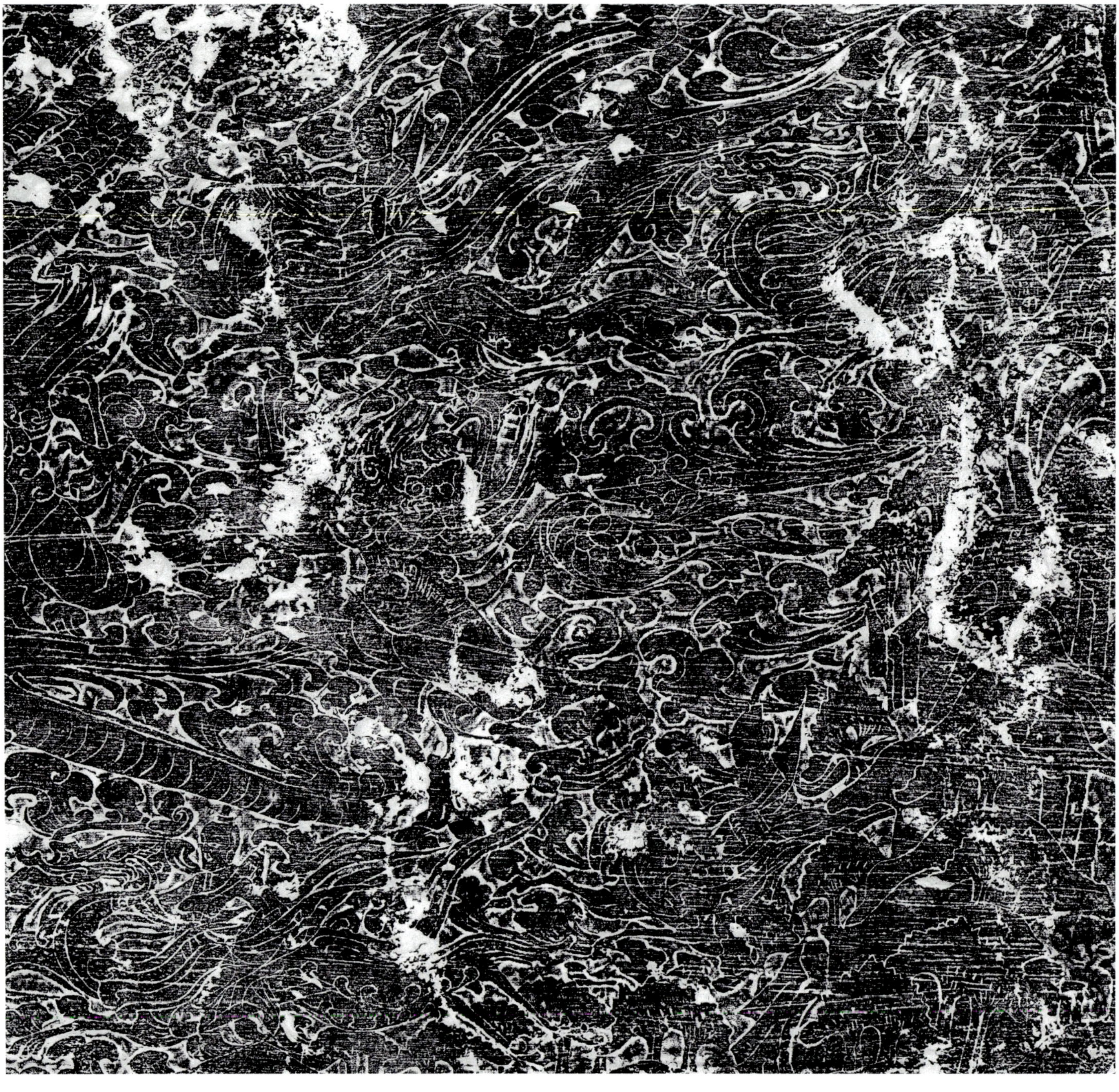

图 48　左帮后部四个骑龙护法方士拓片

图 49　左帮后部四个骑龙护法方士线图

5. 棺底

棺底一周共被分为二十九格，其中左右两侧各十一格，前侧四格，后侧三格，除后侧中间为似火焰祭坛图案以外，其余每格内刻划一只神兽或仙禽，形象不同，神情各异（图50—图84）。细加观察后可以看出左右两侧图案基本是相对应的，所刻划图案也基本一致，只是形态略微不同。前后两端图案也基本为神兽及仙禽，前侧左边两个与右边两个神兽图案头部相对，北侧线条图案已模糊不清，但是还是能看出左右两个图案头部相对中间的火焰祭坛图案。通过观察可以看出整个底部四周的构图思维遵循了对称方式。

在北魏冯邕妻元氏墓志盖及墓志四缘[26]和北窑画像石棺[27]上也雕刻有类似的图案，其中在元氏墓志图案上还写有名称，包括蛤蟵、拓远、攫天、拓仰、乌擭、辟电、攫撮、长舌、捔远、迴光、啮石、撮天、发走、

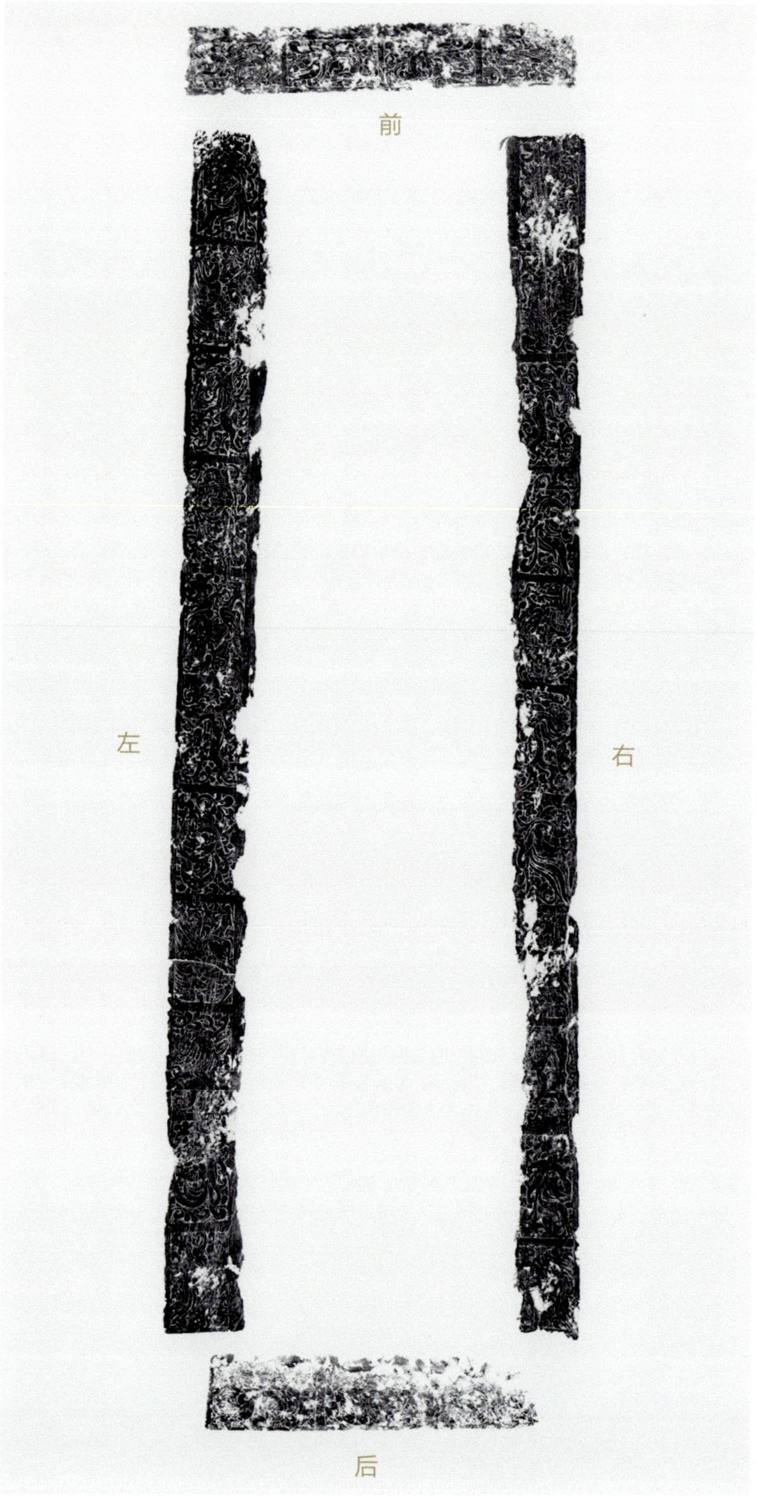

图 50　棺底四周侧面神兽、仙禽示意图

[26] 施安昌：《北魏冯邕妻元氏墓志纹饰考》，《故宫博物院院刊》1997 年第 2 期。
[27] 洛阳博物馆：《洛阳北魏画像石棺》，《考古》1980 年第 3 期。

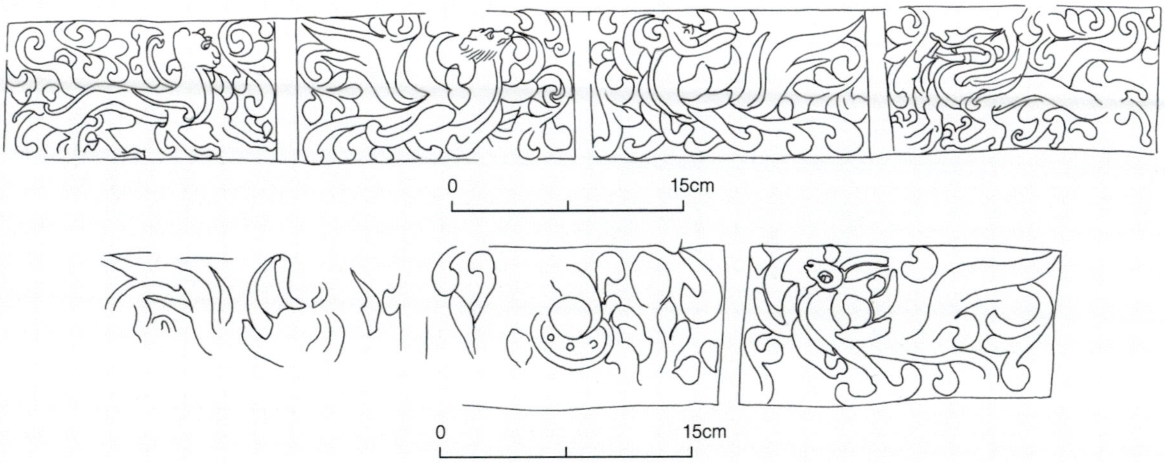

图 51　棺底前部侧面线图（上）、棺底后部侧面线图（下）

挟石等。赵万里先生在《汉晋南北朝墓志集释》中云：“盖、志四缘均雕奇禽异兽，有蛉螭、拓远、攫天……等名，不知何所取义，殆亦形家厌胜之术耳。”[28]施安昌先生认为：“创始于古代波斯的拜火教传入中国以后，北魏灵太后及部分王公大臣曾崇信提倡，拜火教艺术也伴随传入，冯邕妻元氏等墓志装饰正是这一传入的迹象。”[29]

虽然无法明确得知刻化图案的名称是什么，但是经过仔细观察和对比，可以发现这些图案和元氏墓志及北窑画像石棺上的图案有很多相似之处，特别与北窑画像石棺图案想接近。曹连墓石棺棺底的图案经过观察，可以看到了以下一些基本信息（每格数字按照以下划分排列所描述）：棺底右侧第 1、4、7、10 似乎是怪兽类形态；第 3、6、9 为神兽类形态；而 2、5、8、11 为仙禽类形态。虽然棺底左侧有些图案不如右侧清晰，但是基本也能够判断出图案的内容，分别是 1、4、7、10 为仙禽类形态、其中 4 和 10 面部却又似兽面形态；3、6、9 为神兽类形态；2、5、8、11 为怪兽类形态。棺底前侧 1 和 4 两格均为神兽类形态；2 和 3 均为仙禽兽面形态。棺底后侧左边图案模糊不清，似乎是一仙禽形态，是否是兽面看不甚清，右侧为一仙禽兽面形态，中间应该是一火焰祭坛图案。而所有的神兽仙禽类图案均通过凶猛怪异的头部、飞翅等表现出了一种神化的效果。

[28] 赵万里：《汉魏南北朝墓志集释》，广西师范大学出版社，2008 年。
[29] 施安昌：《北魏冯邕妻元氏墓志纹饰考》，《故宫博物院院刊》1997 年第 2 期。

图 52　棺底右部侧面线图

图 53　棺底左部侧面线图

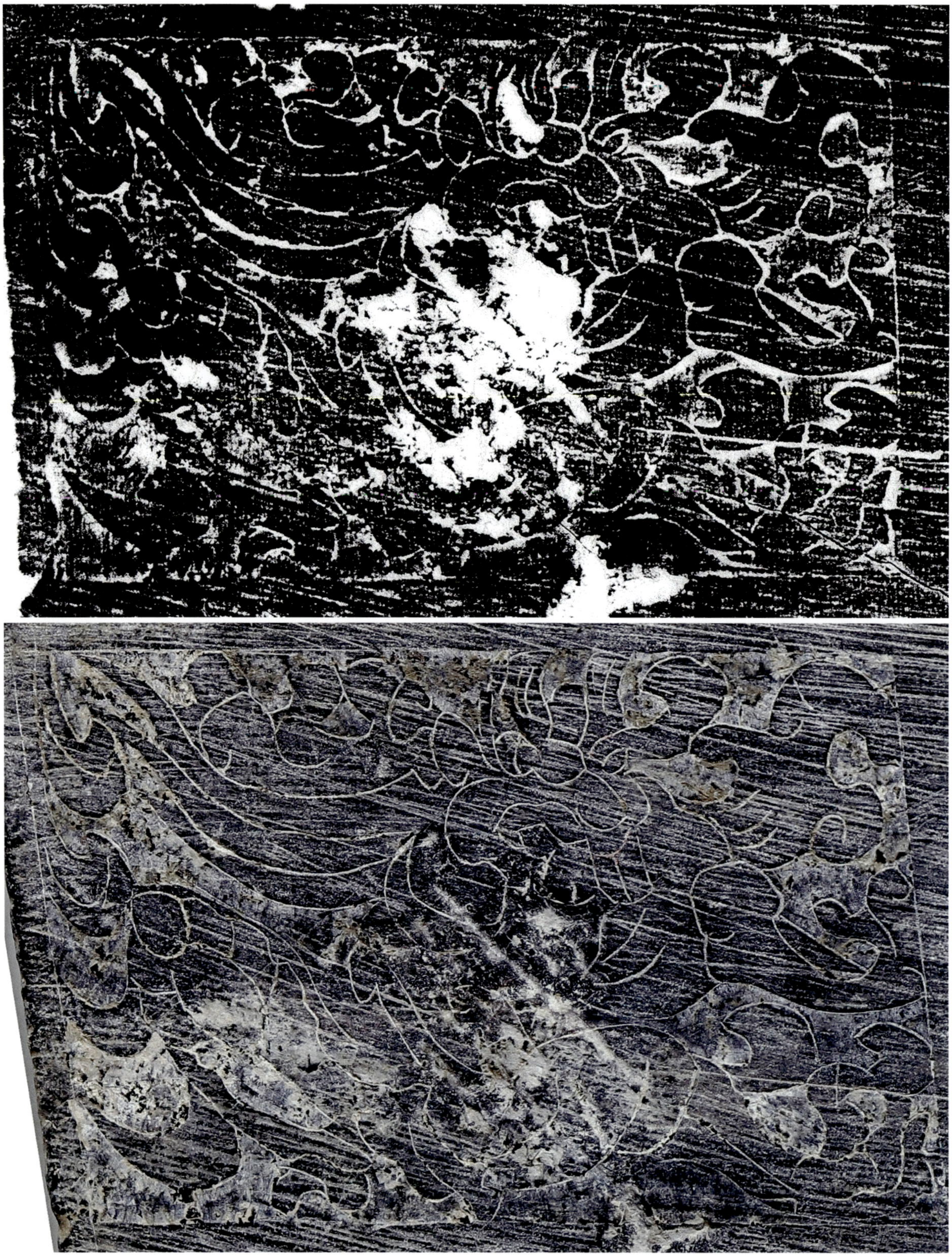

图 54　棺底右侧第 1 格拓片（上）、照片（下）

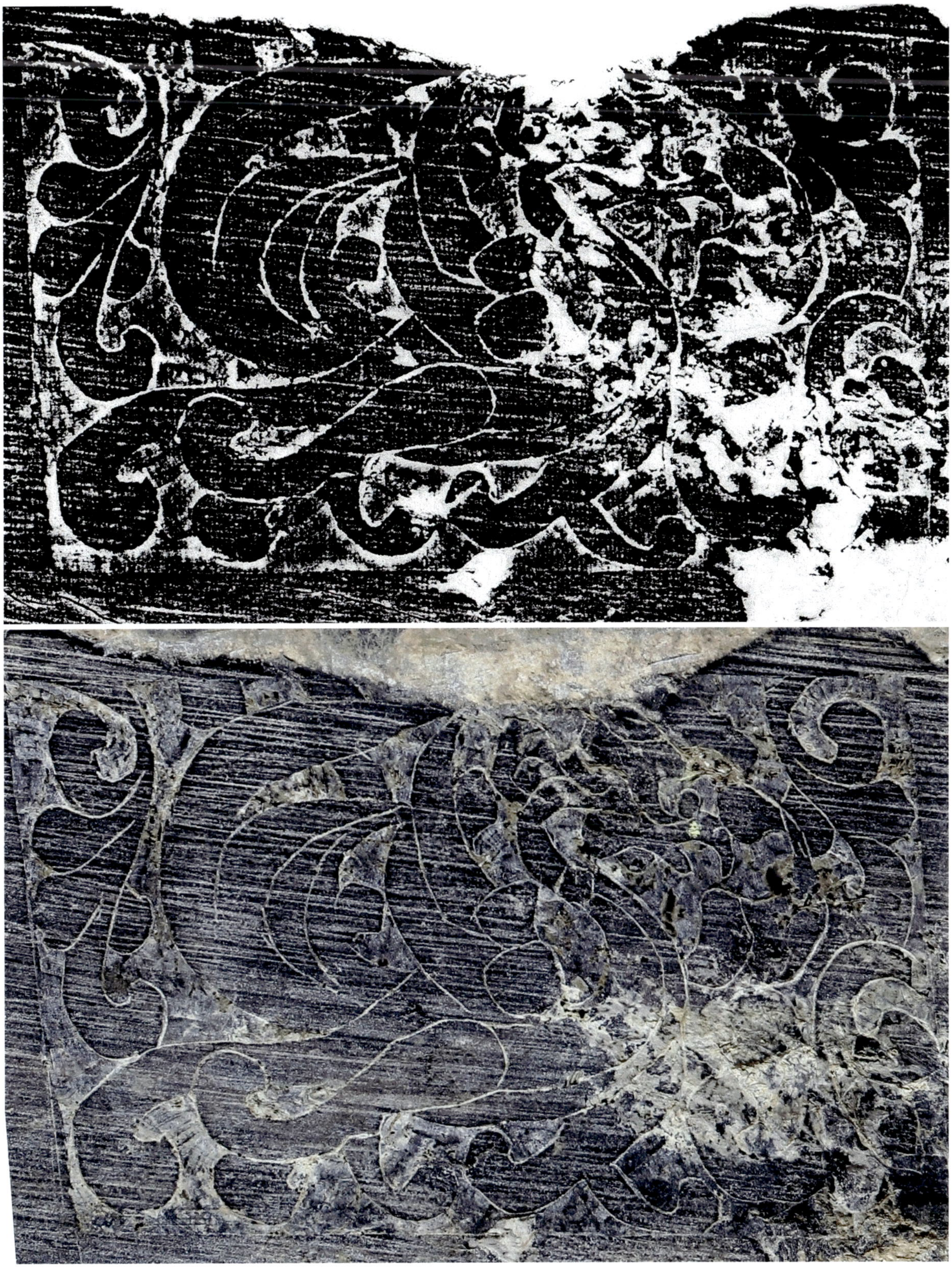

图 55　棺底右侧第 2 格拓片（上）、照片（下）

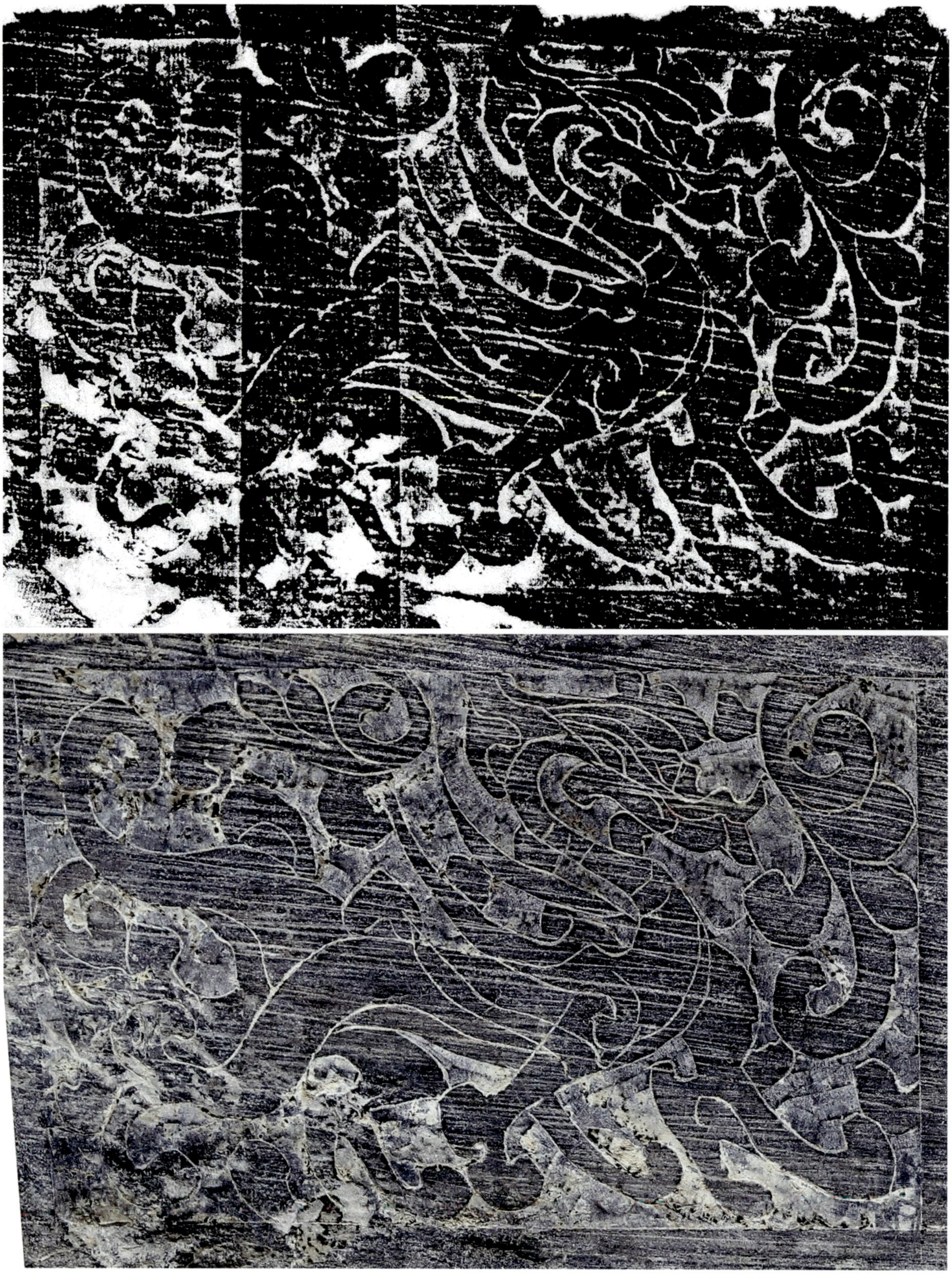

图 56　棺底右侧第 3 格拓片（上）、照片（下）

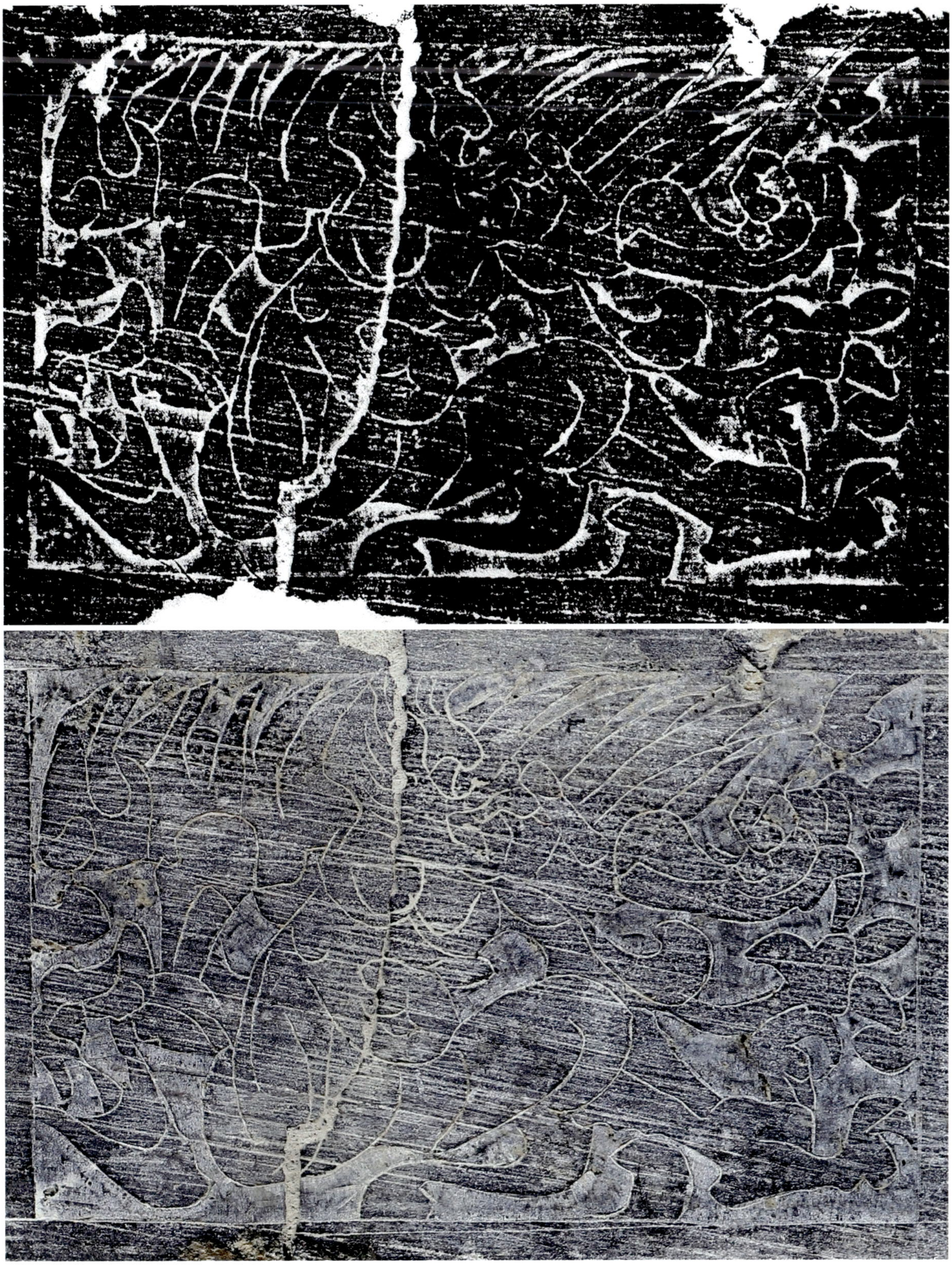

图 57　棺底右侧第 4 格拓片（上）、照片（下）

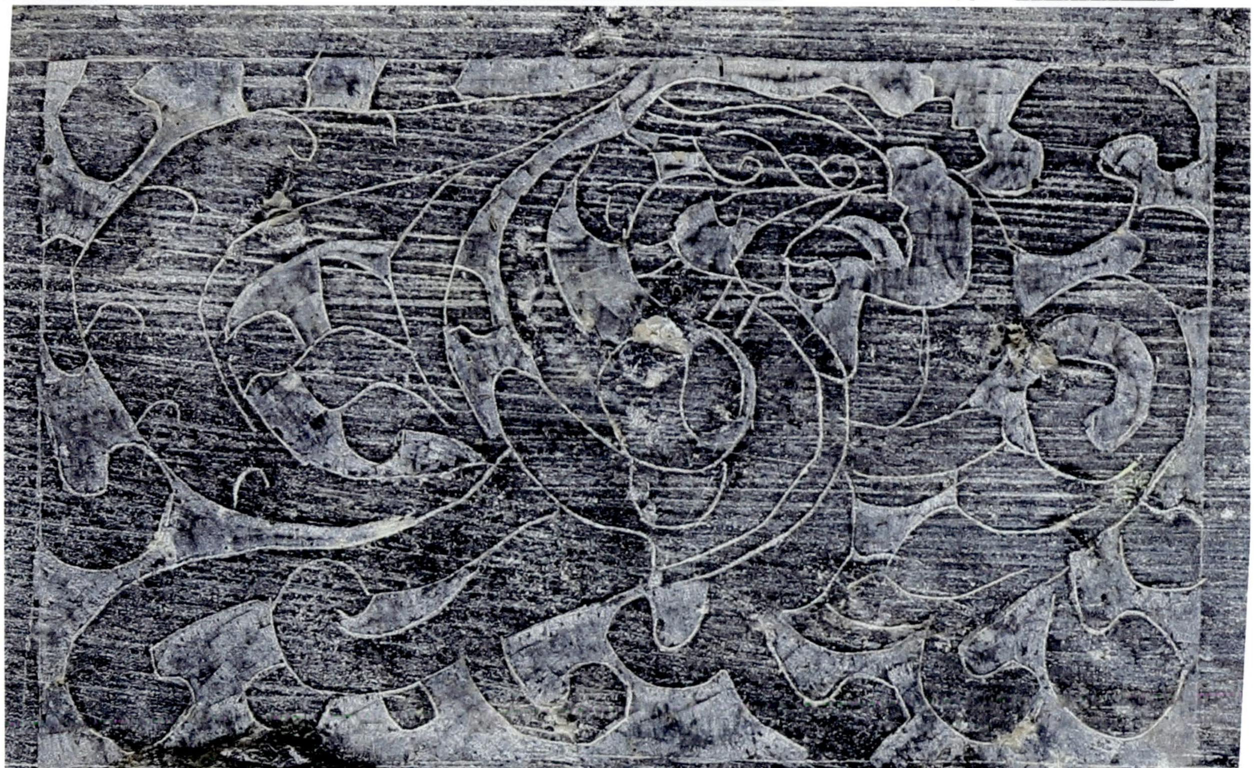

图 58　棺底右侧第 5 格拓片（上）、照片（下）

图 59　棺底右侧第 6 格（上）、照片（下）

图 60　棺底右侧第 7 格拓片

图 61　棺底右侧第 7 格照片

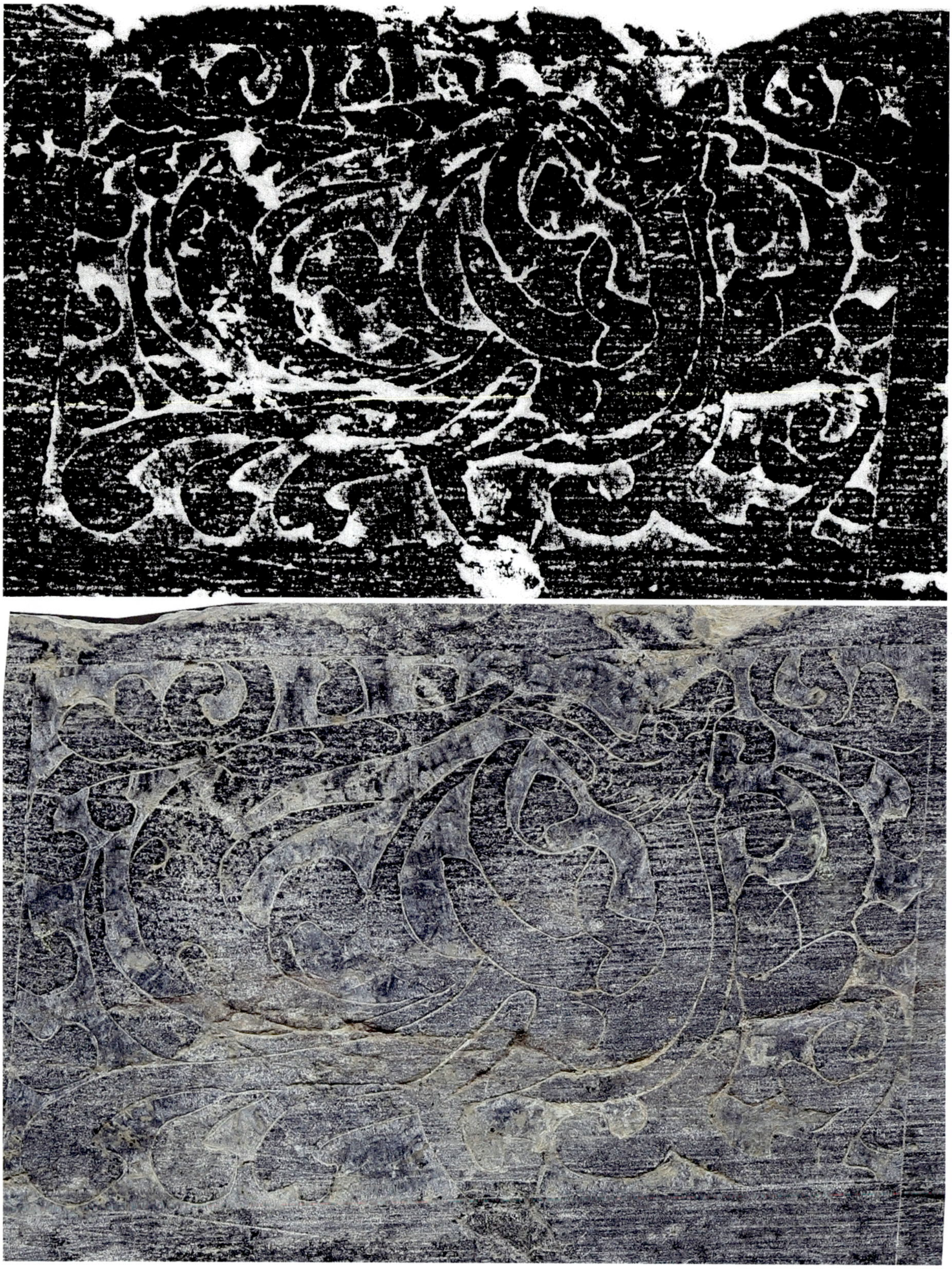

图 62　棺底右侧第 8 格拓片（上）、照片（下）

图 63　棺底右侧第 9 格拓片（上）、照片（下）

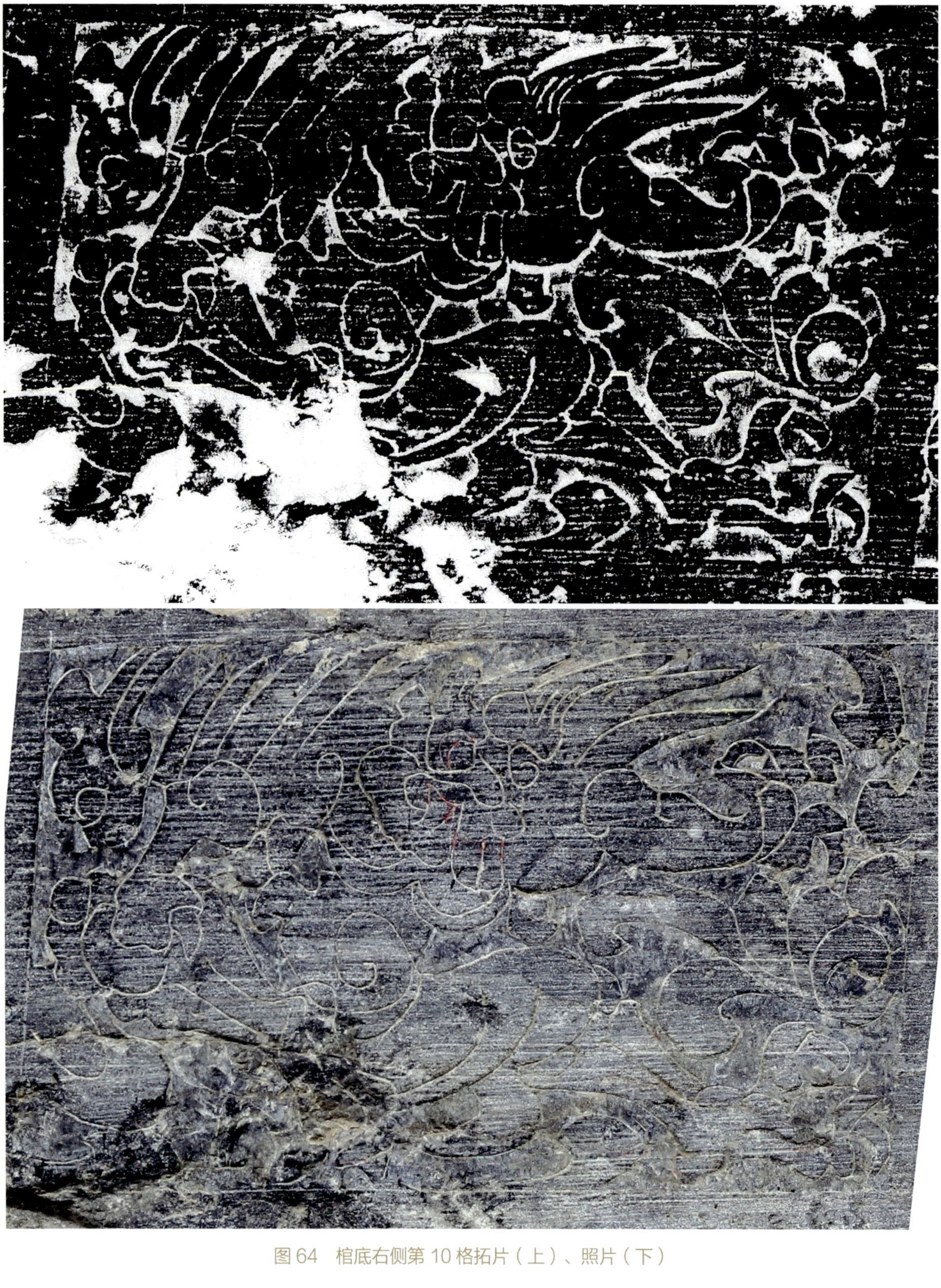

图 64　棺底右侧第 10 格拓片（上）、照片（下）

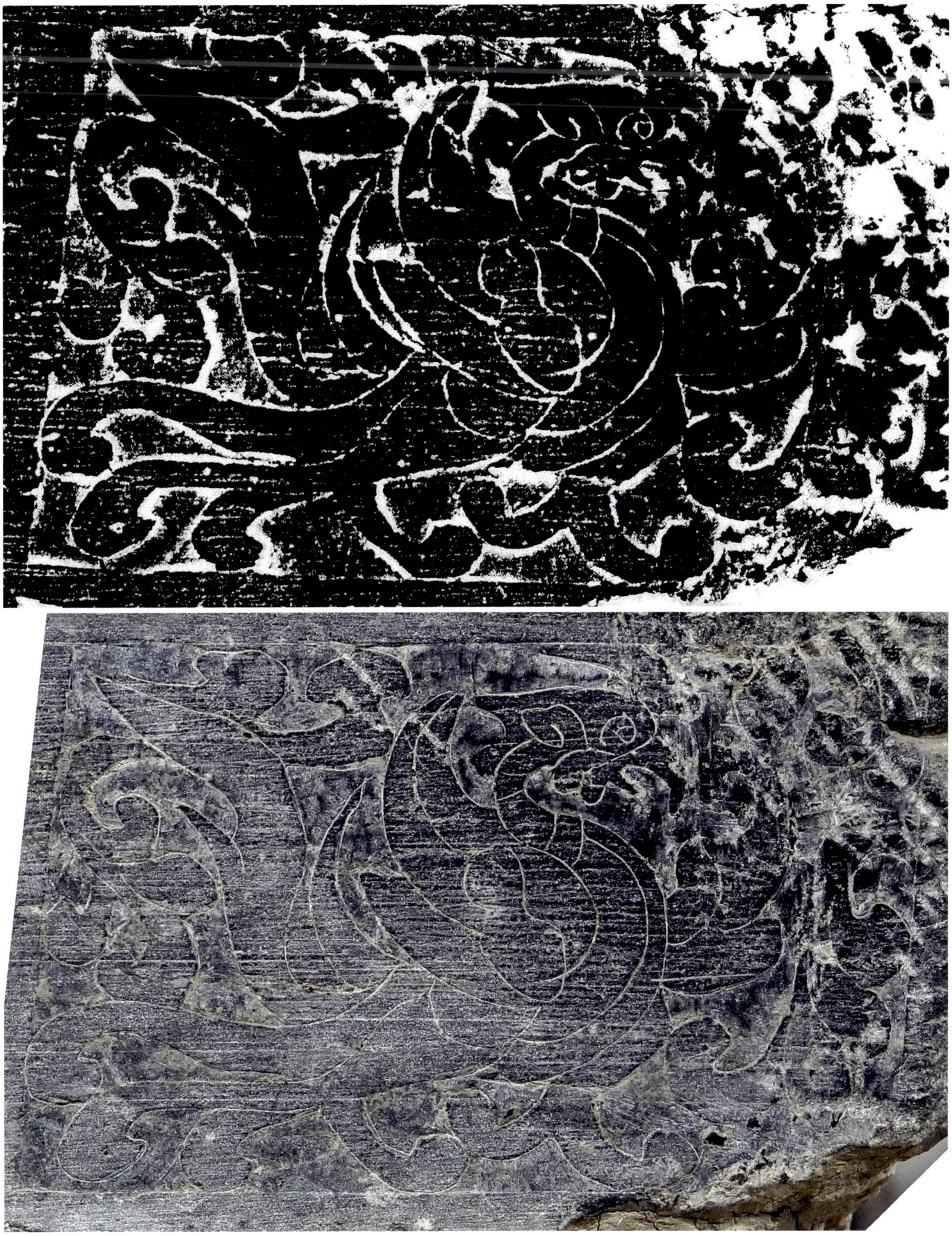

图 65　棺底右侧第 11 格拓片（上）、照片（下）

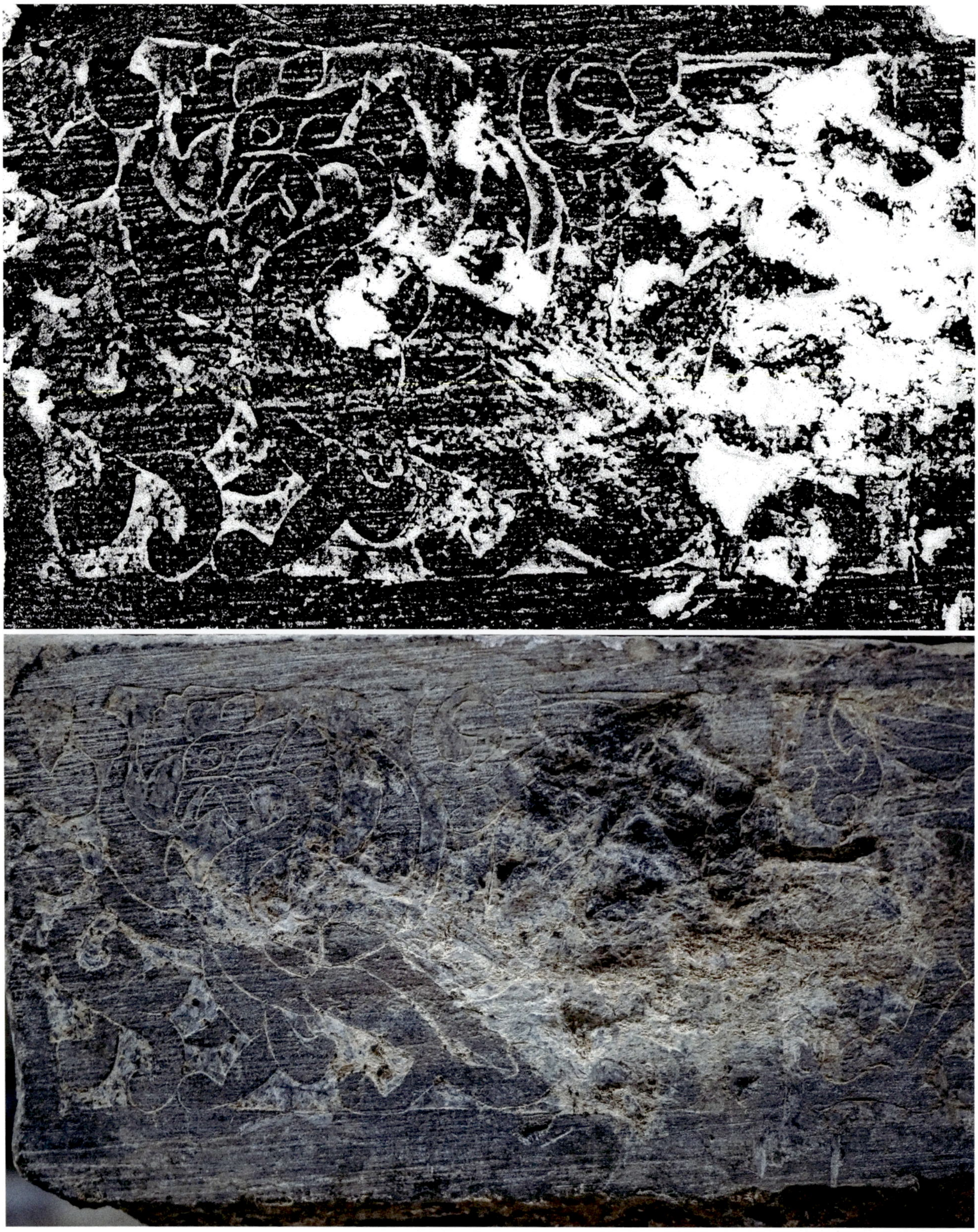

图66　棺底左侧第1格拓片（上）、照片（下）

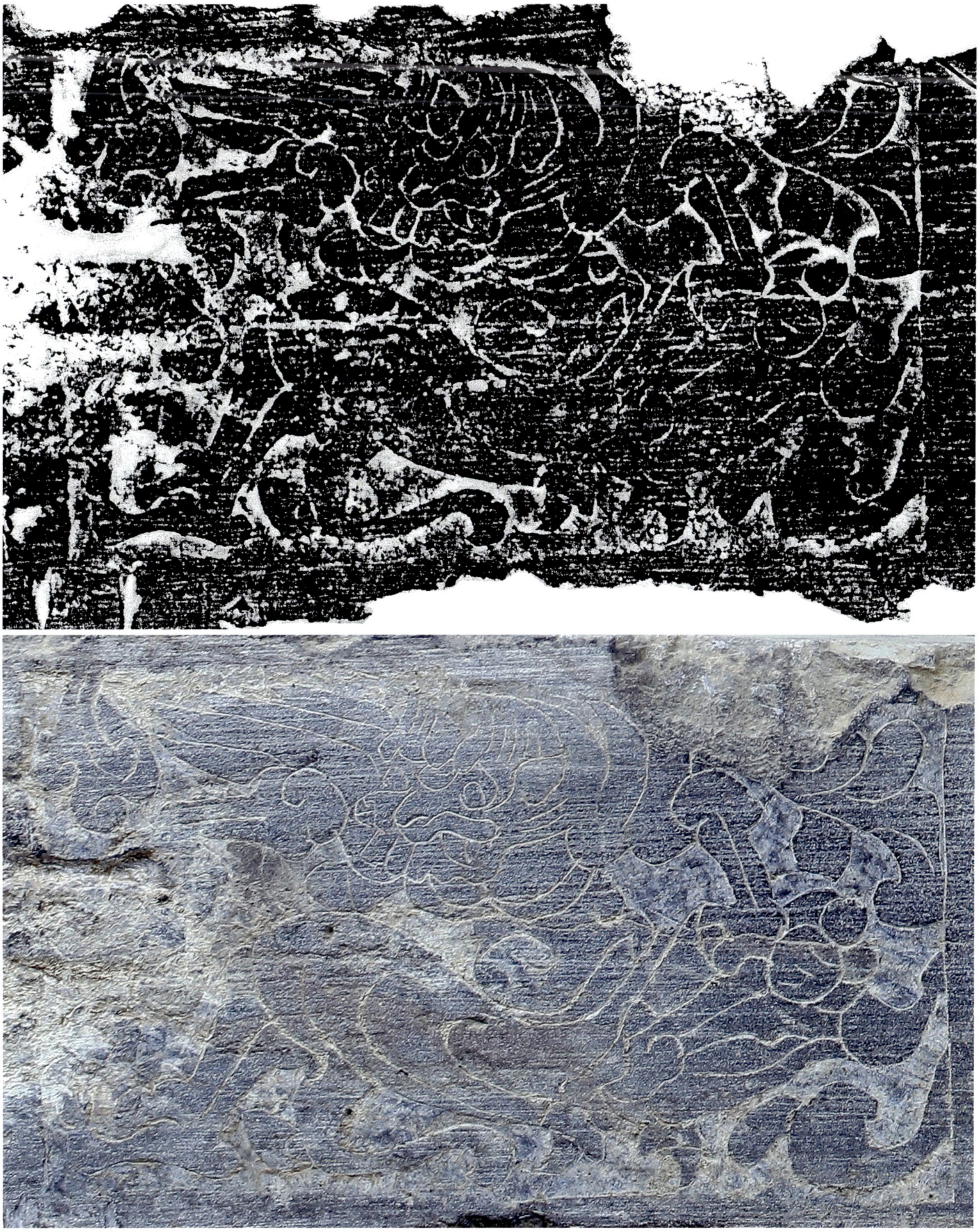

图 67　棺底左侧第 2 格拓片（上）、照片（下）

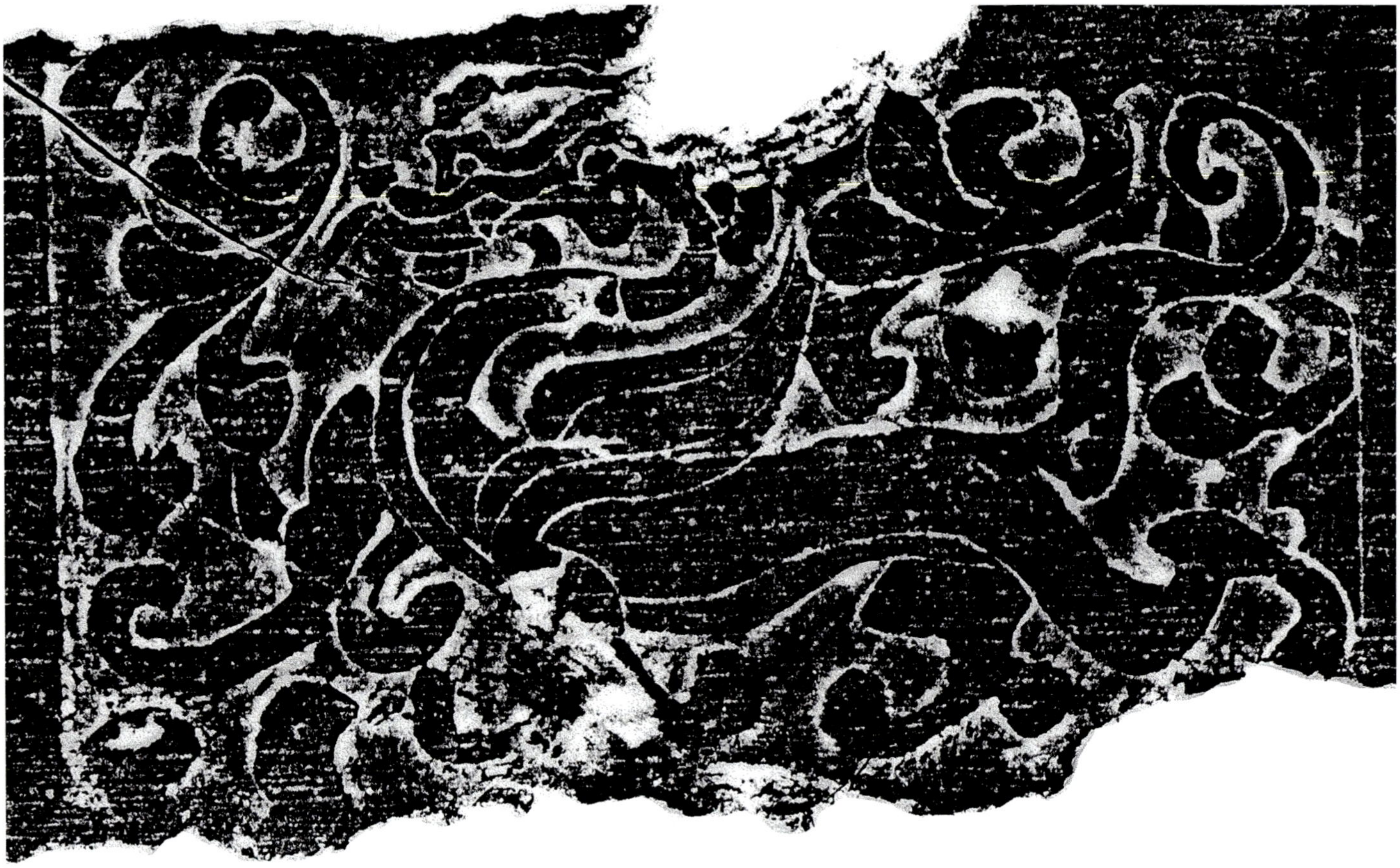

图 68 棺底左侧第 3 格拓片

图 69 棺底左侧第 3 格照片

图 70　棺底左侧第 4 格拓片（上）、照片（下）

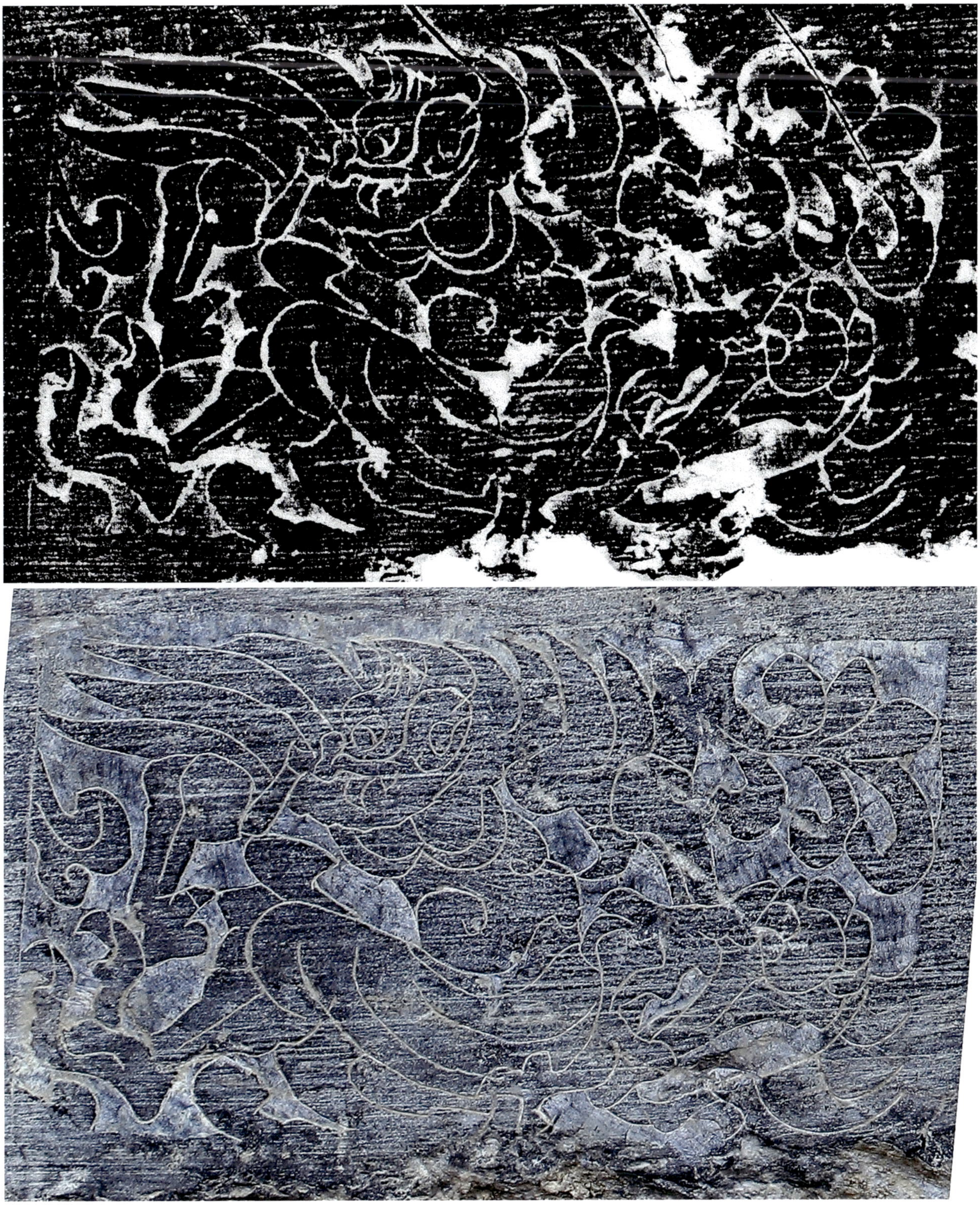

图 71　棺底左侧第 5 格拓片（上）、照片（下）

图 72　棺底左侧第 6 格拓片

图 73　棺底左侧第 6 格照片

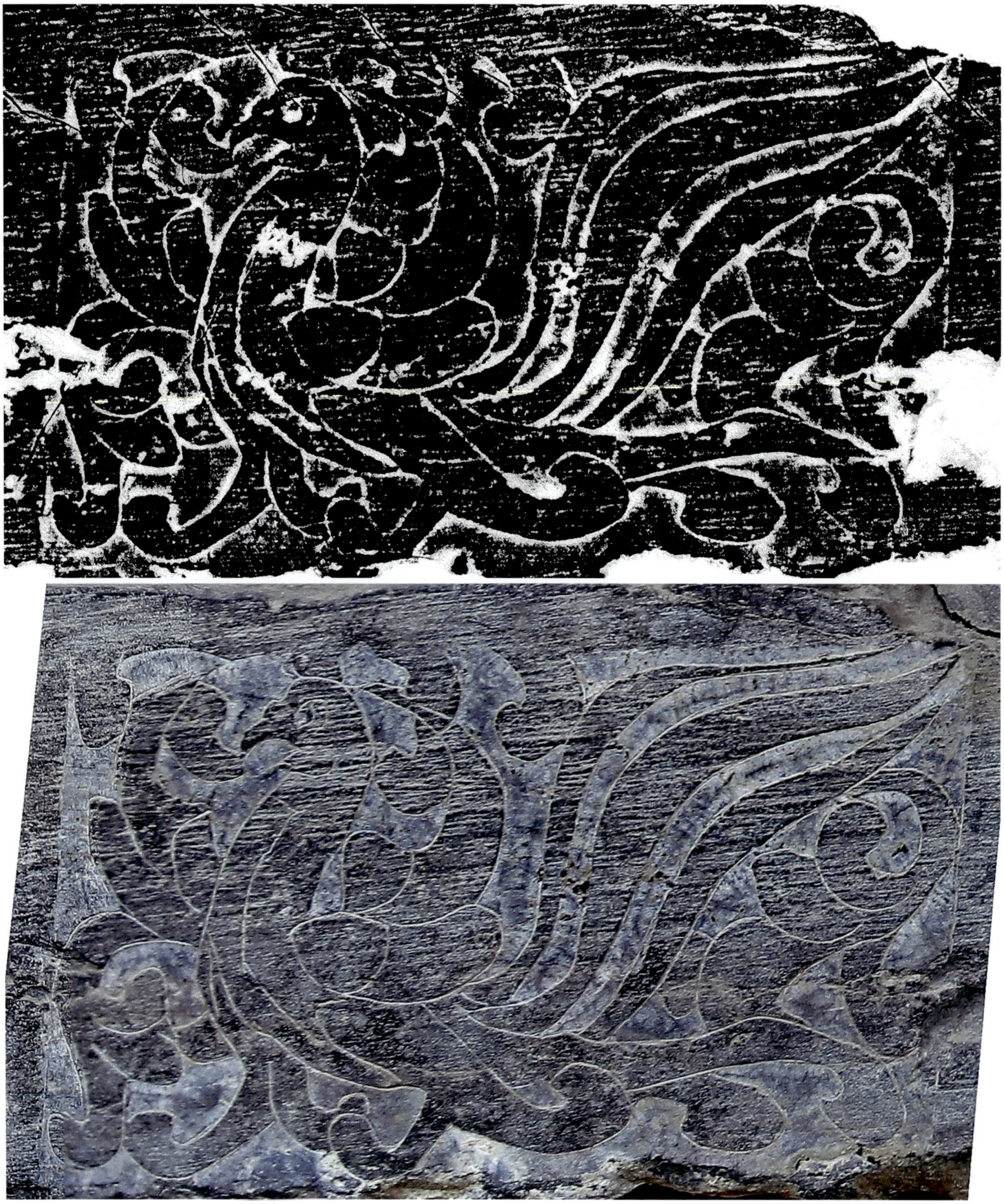

图 74　棺底左侧第 7 格拓片（上）、照片（下）

图 75　棺底左侧第 8 格拓片（上）、照片（下）

图 76　棺底左侧第 9 格拓片（上）、照片（下）

图 77　椁底左侧第 10 格拓片（上）、照片（下）

图 78　棺底左侧第 11 格拓片（上）、照片（下）

图 79　棺底前第 1 格拓片（上）、照片（下）

图 80　棺底前第 2 格拓片

图 81　棺底前第 2 格照片

图 82　棺底前第 3 格拓片（上）、照片（下）

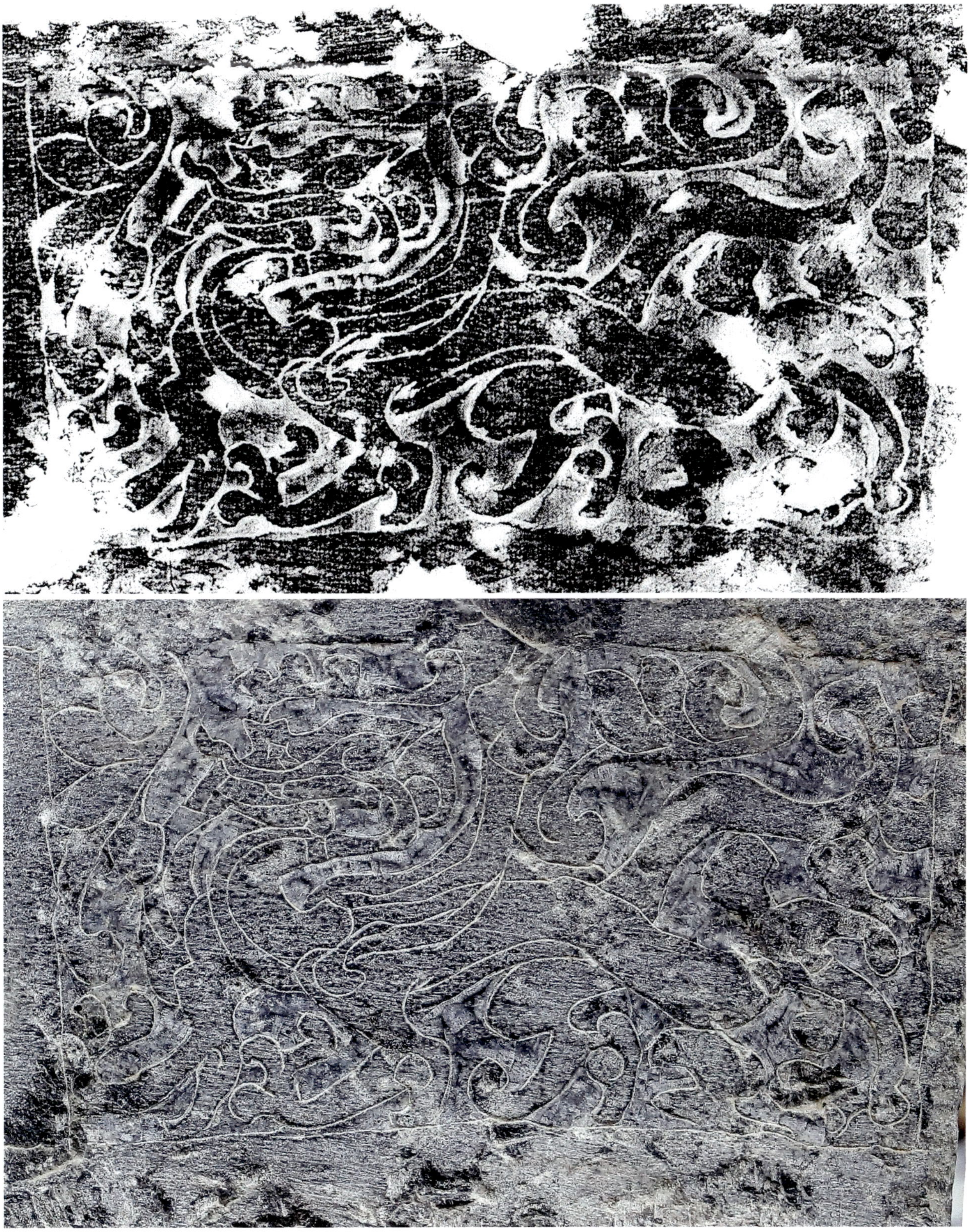

图 83　棺底前第 4 格拓片（上）、照片（下）

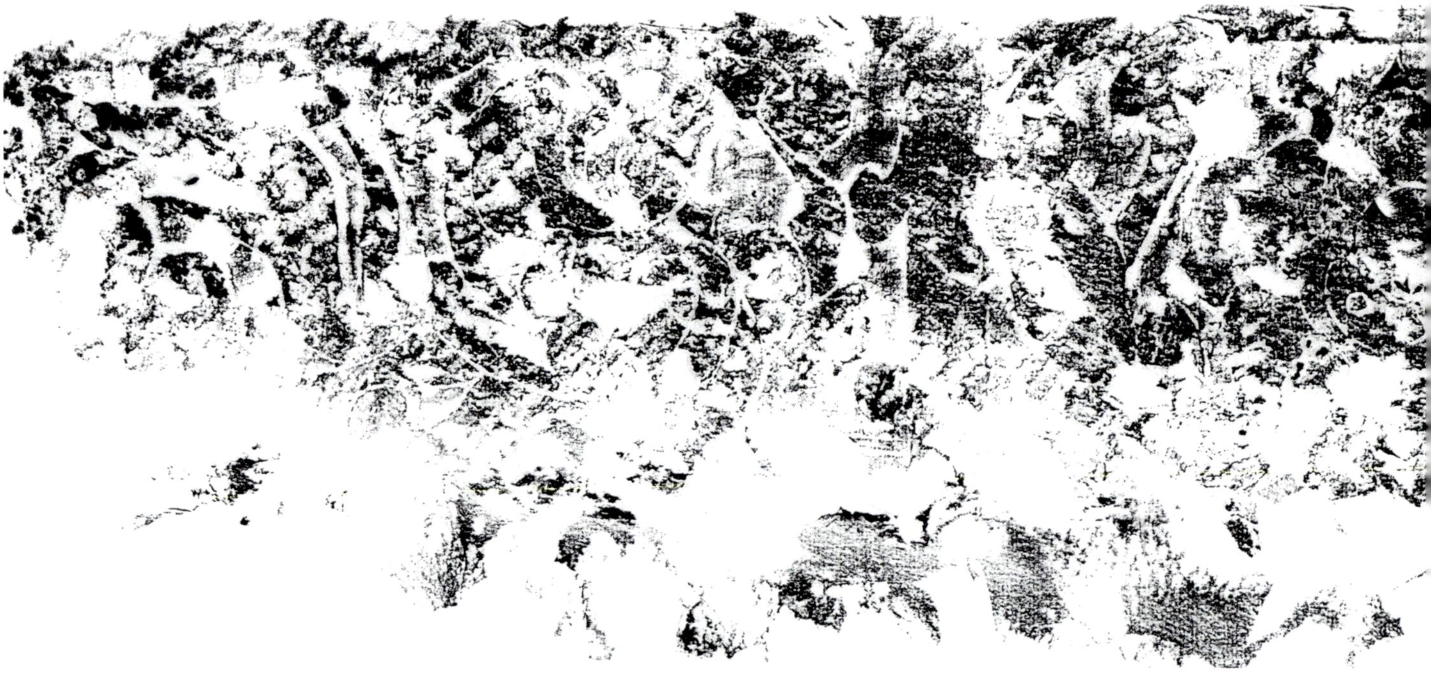

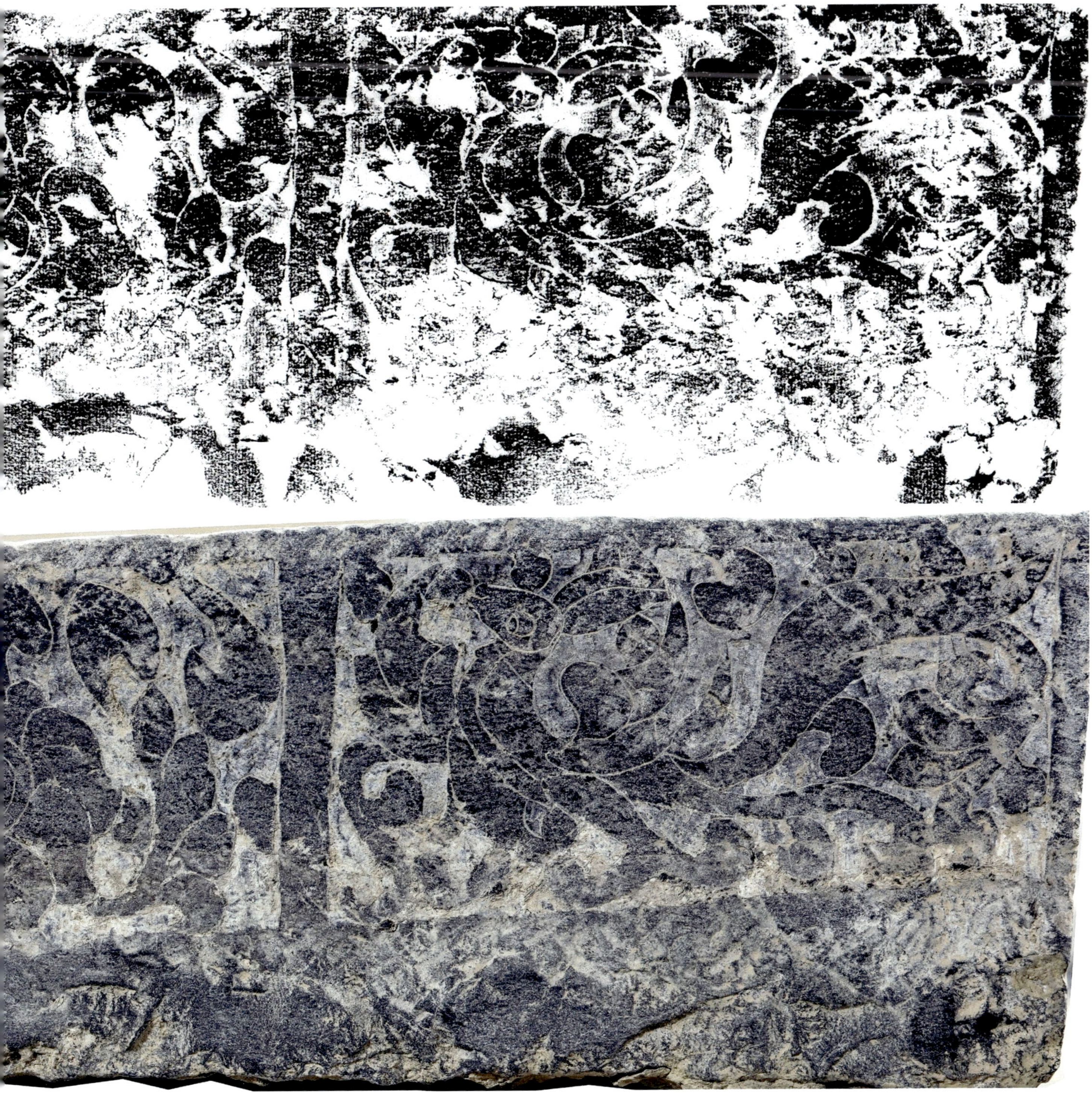

图 84　棺底后拓片（上）、照片（下）

第五章 曹连石棺简析

一、洛阳及国内石棺及棺床的发现状况

目前发现的北魏石棺主要集中在山西和河南洛阳地区。北魏孝文帝迁洛以后“乃自表瀍河以西为山园之所”[30]，并下诏：“迁洛之民，死葬河南，不得还北。于是代人南迁者，悉为河南洛阳人。”[31]于是在洛阳的邙山和瀍河两岸就成了北魏时期重要的贵族及一些降臣的墓葬区。但是这些墓葬在1949年以前就被大量盗掘，出土了很多墓志，同时也出现了石棺、石棺床、石室、石门等（表2）。

二、石葬具使用情况

北魏时期发现的石质葬具较多，有很多是石棺床或其上有木质围屏的遗迹。目前发现的石棺有孝子棺、元谧石棺、洛阳北窑画像石棺、开封博物馆升仙石棺、方兴石棺、偃师2005LYDM1石棺、元暐石棺和曹连石棺。其中有明确纪年的有元谧石棺、方兴石棺、元暐石棺和曹连石棺等。

在这些石棺中，除了偃师2005LYDM1石棺和元暐石棺为素面外，其余均为画像石棺。除方兴石棺出土在山西外，其余均出土或据传出土于洛阳。方兴石棺

[30]《北史·后妃·魏文成文明皇后冯氏传》，中华书局，1974年。
[31]《魏书·帝纪第七下》，中华书局，1974年。

表 2 北魏石质葬具表

序号	名称	墓主人身份	时代	出土时间	出土地点	现存处	相关报告	备注
1	元谧石棺	赵郡王干子，北魏皇室，冠军将军、幽州刺史、安南将军等	北魏正光五年（524 年）	1930 年	洛阳城西东陡沟村东北李家凹村南	美国明尼苏达州明尼阿波利斯美术馆（The Minneapolis Institute of Arts）	《从洛阳出土北魏石棺和石棺床看世俗艺术中的石刻线画》，《中原文物》1984 年第 1 期	现存前后档及左右帮
2	宁懋石室	横野将军、甄宫主簿	北魏孝昌三年（527 年）	1931 年	洛阳翟泉村北邙山	美国波士顿艺术博物馆（Museum of Fine Arts, Boston）	《北魏的宁懋石室和墓志》，《文物参考资料》1980 年第 2 期	
3	孝子棺			1949 年前	洛阳	美国堪萨斯纳尔逊•阿特肯斯艺术博物馆（The Nelson Atkins Museum of Art）	《孝子传石棺の刻画》，瓜茄（四），京都：昭和十二年（1937 年）	棺盖、底和前档下落不明
4	石棺床		北魏正光五年（524 年）	1949 年前	洛阳（？）	日本和泉市久保物纪念美术馆	《孝子伝の研究》，京都：思文阁出版，2001 年	
5	石棺床			1949 年前	洛阳（？）	日本天理参考馆		
6	石棺床			1949 年前	洛阳（？）	上海博物馆		

续表

序号	名称	墓主人身份	时代	出土时间	出土地点	现存处	相关报告	备注
7	石围屏			1949年前	洛阳（？）	卢芹斋旧藏，现不明	《孝子伝の研究》，京都：思文阁出版，2001年	
8	升仙石棺			1949年前	洛阳	开封市博物馆		
9	司马金龙石棺床		北魏太和八年（484年）	1965年	山西大同石家寨村西南1里左右大同至浑源公路西侧	山西省博物馆和大同市博物馆分藏	《山西大同石家寨北魏司马金龙墓》，《文物》1972年第3期	棺床上有木围屏
10	方兴石棺	应川太守、遂远将军郡太守	北魏神龟年间（518—520年）	1976年	榆社县河峪乡河窑村	榆社县博物馆	《山西榆社县发现的北魏画像石棺》，《考古》1993年第8期	棺石帮板2块，碣1块
11	升仙石棺		北魏 晚期	1977年	洛阳瀍河上窑村	洛阳博物馆	《洛阳北魏画像石棺》，《考古》1980年第3期	报告记：后档不是石棺原有后档，另用北魏时期遗物填补
12	大同电焊器材厂M112石棺床		北魏平城时期	1988年	大同市城南3千米“张女坟”	（？）	《大同南郊北魏墓群发掘简报》，《文物》1992年第8期	棺床上未见木质葬具
13	宣武帝元恪石棺床	北魏宣武帝	北魏延昌四年（515年）崩。下葬时间不明	1991年	洛阳市邙山乡冢头村东	洛阳古墓博物馆	《北魏宣武帝景陵发掘报告》，《考古》1994年第9期	棺床以上被盗不详
14	大同智家堡北魏墓石椁		太和八年—太和十三年（484—489年）	1997年	大同市城南智家堡村北沙场的高坡上	大同市博物馆	《大同智家堡北魏墓石椁壁画》，《文物》2001年第7期	

续表

序号	名称	墓主人身份	时代	出土时间	出土地点	现存处	相关报告	备注
15	宋绍祖墓石椁	幽州刺史、敦煌公，北魏敦煌宋氏家族	大代太和元年（477 年）	2000 年	大同市南郊区水泊寺乡曹夫楼村东北 1 千米	大同市考古研究所（？）	《大同雁北师院北魏墓群》，文物出版社，2008 年	
16	大同迎宾大道北魏 M2、M3、M26、M78 石棺床		北魏平城时期	2002 年	大同市区东面 3 千米，御河东岸，齐家坡村东南约 1 千米	大同市考古研究所（？）	《山西大同迎宾大道北魏墓群》，《文物》2006 年第 10 期	棺床上未见木质葬具
17	偃师 2005 LYDM1 石棺		北魏晚期	2005 年	偃师前杜楼首阳山南麓晋文帝崇阳陵东南约 300 米	偃师商城博物馆	《偃师前杜楼北魏石棺墓发掘简报》，《文物》2006 年第 12 期	棺为素面
18	曹连石棺	颍川太守、冠军将军、中散大夫，曹魏皇族后裔	北魏永安元年（528 年）	2012 年	洛阳市洛龙区关林大道与金城寨街交叉口西南侧	洛阳市文物考古研究院		完整
19	元玮石棺	使持节、散骑常侍、卫大将军、尚书右仆射、都督雍岐南豳三州诸军事、雍州刺史、南平王	北魏武泰元年（528 年）	1979 年	洛阳城北金家沟村	洛阳博物馆（？）	《洛阳考古发掘与研究》，《中原文物》1996 年增刊；《西晋裴祇和北魏元玮两墓拾零》，《文物》1982 年第 1 期	棺为素面

报告称："右帮板外侧刻有墓主人生前生活作乐和死后骑着青龙升天的一些画面……碣中央刻有墓主人夫妇席座平台宴饮，两侧有仆人伺候及朱雀…左帮板外侧中部刻有墓主人生前出行图和狩猎图。"[32]该石棺的绘画内容与洛阳所出的石棺大不相同，只有骑着青龙升天较为相似。

从目前发现的洛阳出土的画像石棺来看，有明确纪年元谧石棺（524年）和曹连石棺（528年）均为北魏孝文帝迁洛后的产物，另几具前人研究也均认为是北魏晚期的遗物。从这些石棺的画像内容来看，均为升仙和孝子图。这可以看出这些石棺应该是有同样的来源、同样的范本，应该有专业的画工和刻工机构来完成的，应该不是一般人所能够使用的，北魏的画像石棺是有特定身份的人才能够使用的一种特殊葬具。

元谧，《魏书》载："赵郡王干，字思直。太和九年，封河南王，加卫大将军，除侍中、中都大官。寻授车骑将军、左光禄大夫，领吏部尚书……子谧，世宗初袭封……正光四年薨。给东园秘器、朝服一具、衣一袭，赠帛五百匹。高阳王雍，干之母弟，启论谧，故超赠假侍中、征南将军、司州牧，谥曰贞景。"[33]

曹连石棺与元谧石棺和北窑孝子石棺所雕刻画像有着很大的相似之处，虽然曹连史书无载，墓志中记载其官职也不高，但是其为曹魏武皇帝曹操后裔。曹氏经历西晋及五胡乱华，但是还是受到了北魏皇室的保护和特殊对待，这与其出生血统有关，应该是帝系直属，不会出自侧支，而且北魏自认为与曹魏有着密切的联系，所以我们相信画像石棺应该是北魏用于皇室、高级贵族及一些特殊人物的

[32] 王太明、贾文亮：《山西榆社县发现北魏画像石棺》，《考古》1993年第8期。
[33]《魏书》，中华书局，1974年。

葬具，不是随便就能使用的。

邹清泉先生在《北魏孝子画像研究》一书中认为这些画像石葬具应该是出自北魏专为皇室和贵族制作葬具的机构——“东园”[34]。我们通过观察元谧石棺、北窑升仙石棺、孝子棺的雕刻技法及画像内容，我们认为这些画像石棺应该是由专业的画师及机构制作的。曹连石棺画像石棺制作精美，应该也是出自“东园”之手。但是使用皇室机构制作的葬具应该是需要皇室的恩赐的，不是随便就能获得这一葬具的，那么为什么史书未见相关记载呢？这应该需要更加多的材料来论证分析研究。

三、雕刻技法与内容

曹连石棺雕刻技法属于阴线刻，具体工序是在石板磨光后线描过图以后阴刻。曹连画像石棺艺术非常精美，可以看出从构思立意到构图安排，从物体描绘到线条运用都是一气呵成，娴熟自如。棺左右两帮内容复杂，但是主题突出，人物形象鲜明，造型准确。

石棺画像内容非常丰富，在棺两帮刻划了方士引导墓主人乘龙和虎升仙、孝子故事、山林等；棺前档刻划了守门武士、门、方相氏、朱雀；棺后档刻划了武士御玄武；棺底四周刻划了神兽及忍冬纹图案。在这些内容中，左右两帮所刻的

[34] 邹清泉：《北魏孝子画像研究》，文化艺术出版社，2007 年。

内容应该是所有画像的精髓和主题思想这一主题思想应该是升仙和孝行。

画像石承袭了战国秦汉的渊源，在南北朝时期民族大融合、文化大融合的历史背景下，产生了绚丽多彩的画像石艺术，是文化艺术宝库中的精品。它反映了特定的历史社会面貌和时代环境。北魏时期的画像石也不例外，它反映了北魏时期的社会面貌和时代环境。

画像石是在石面上先画后刻、画刻相结合的独特艺术。虽然经历了时代的变迁，但是由于其是埋藏在地下，得以长久保存下来，使我们能够了解其时代的艺术文化特征。

四、画像内容的思想分析

通过对于曹连画像石的研究，我们发现在画像内容中包含有儒家、道教、佛教及其他宗教等方面的思想。

孝文帝迁洛以后，很多制度效仿南朝。为了维护北魏皇朝的统治，拓跋氏贵族与汉士族结合，运用“礼”和“法”的儒家正统思想来巩固统治。在西汉“罢黜百家，独尊儒术”以后，儒家思想作为统治者的官方思想，历朝历代均用儒家的“礼”和“法”来维护其统治，而儒家一直推崇“忠”和“孝”。但是作为北魏时期的画像石上，却没有见到儒家的“忠”这一思想的表现，这和南北朝时期改朝换代频繁和北魏皇朝来自异族应该有着重要的关系。“子贵母死”从北魏早期就开始实施，这是北魏统治者为了防止外戚篡权而制定的一项重要政治制度。《魏书·皇后传》记：“钩戈年稚子幼，汉武所以行权，魏世遂为长制。”[35]《魏书·太宗纪》记：“初，帝母刘贵人赐死，太祖高帝曰：‘昔汉武帝将立其子而杀其母，不令妇人后与国政，使外家为乱。汝当继统，故吾远同汉武，为长久计。’”[36]该项制度的实施应该是北魏皇族出于对历史教训的考虑，同时针对后族等外家对北魏皇权存在的威胁所制定的政策。到了北魏文明太后专权时期，由于储君的存在及其年龄增长对其权力统治构成了极大的威胁，文明太后为了防止自己陷入杀身之祸的境地，考虑废除皇帝，但是由于大臣的极力劝谏才止。“文明太后以帝聪圣，后或不利于冯氏，将谋废帝。乃于寒月，单衣闭室，绝食三朝，召咸阳王禧，将立之，元丕、穆泰、李冲固谏，乃止。”[37]虽然废帝之事未成，但是文明太后依旧对如何巩固其权力统治费尽心机。从《魏书》和《北史》中的记载来看，弘孝时期颁布了很多关于孝道的诏令，即文明太后是用“孝”来控制皇帝的。到了孝文帝迁洛以后，由于孝文帝受到这种文化思想的熏陶，皇室对于“孝”非常重视。同时“孝”也有利于统治，故而在孝文帝迁洛后孝行得以推广重视。受这种历史环境的影响，北魏迁洛以后，墓葬中更多的出现了“孝”的题材内容的遗物。

南北朝时期由于政治黑暗，社会动荡不安，仕人精神苦闷，人们憎恨社会现实状况，希望在死后能够进入仙境，过上幸福安宁的生活。墓葬画像石中的升仙

[35]《魏书》，中华书局，1974年。
[36]《魏书》，中华书局，1974年。
[37]《魏书》，中华书局，1974年。

题材内容就是这种社会状况在现实生活的体现。作为中国土生土长的道教在北魏时期也很流行，道教讲究平等，经过修道人可以成仙，进入仙境，免受世俗之苦。而佛教自从东汉传入中国以来，其认为人的肉体早晚是要死亡的，但是精神可以永存，世道轮回。北魏时期佛教兴盛，皇室贵族及士族都崇尚佛教。中外两大教派在北魏时期都得到了发展，对人们的思想精神方面产生了很大的影响。

绘画艺术是社会现实生活的一个反映，曹连墓墓葬画像上体现出了当时社会儒术、佛教和道教三家思想的并行。从画面上看，不仅有儒家思想（孝子图），佛教的思想因素也很多，如在画像上有象征性的莲花，同时还有力士等。除了儒佛两家的内容以外，道教的内容非常浓厚。两侧棺帮的升仙和画像中的四神（青龙、白虎、朱雀、玄武）就是道教思想的反映。从秦始皇为了成仙派徐福去东海求长生不死药开始，以升仙为题材的绘画、刻石就在两汉盛行一时。魏晋南北朝延续了这一传统，画像石上的升仙题材就是最好的证明。

儒道佛三家思想的相互结合，表现了当时的社会精神面貌，也表明北魏皇朝利用这三种思想来麻痹和愚弄人民，巩固统治；同时也表明，当时社会状况比较动荡，人们期望通过精神信仰来摆脱社会黑暗，希望能够得到幸福安宁的生活。

画像石艺术精美，宗教艺术和世俗艺术相结合、相吸收。曹连墓石棺整个画像生动传神，恰到好处地运用了夸张和写实相结合的艺术手法。既体现了画家的丰富的艺术想象力，又充满了无限的浪漫主义色彩，也不脱离社会现实，将人物、禽兽、山石树木、云气有机的组合起来，形成一幅幅精美绝伦的画卷，为日后唐代艺术的鼎盛奠定了坚实的基础。

结语

曹连墓位于洛阳市洛龙区定鼎门以南，该区域曾大量发现有汉晋、隋唐、五代等时期的墓葬，但是从未发现有明确纪年的北魏时期墓葬，这对于研究该区域作为墓地的使用时间提供了新的材料支撑，同时也为我们研究北魏时期墓葬的分布提供了新的材料。以后是否能在该区域发现更多的北魏时期的墓葬，还需要进一步的考古发现研究才能确认。

曹连墓虽然是常见的斜坡墓道洞室墓，但是对研究北魏时期的墓葬形制、汉晋时期至隋唐墓葬形制的转变提供了新的材料。虽然墓葬被盗扰严重，但还是出土了少量的随葬品、墓志及一套完整的孝子升仙石棺。出土的随葬品丰富了我们对北魏时期遗物的认识。墓志的新形制及内容格式布局等为研究墓志的发展、成熟、定型有着重要的意义，墓志的志文对于研究北魏时期的书法艺术有着重要的研究价值，墓志的发现为研究北魏时期官吏的任职情况提供了资料，同时也丰富了曹魏—曹氏家族的研究素材。

此次发掘的孝子升仙石棺是目前为止北魏时期孝子升仙石棺中具有明确纪年、墓主人身份明确的及画像石刻最为完整的一次考古发现，这对于我们研究北魏时期的葬俗文化、历史、绘画雕刻艺术及中西方文化交流等方面有着重要的意义。

后记

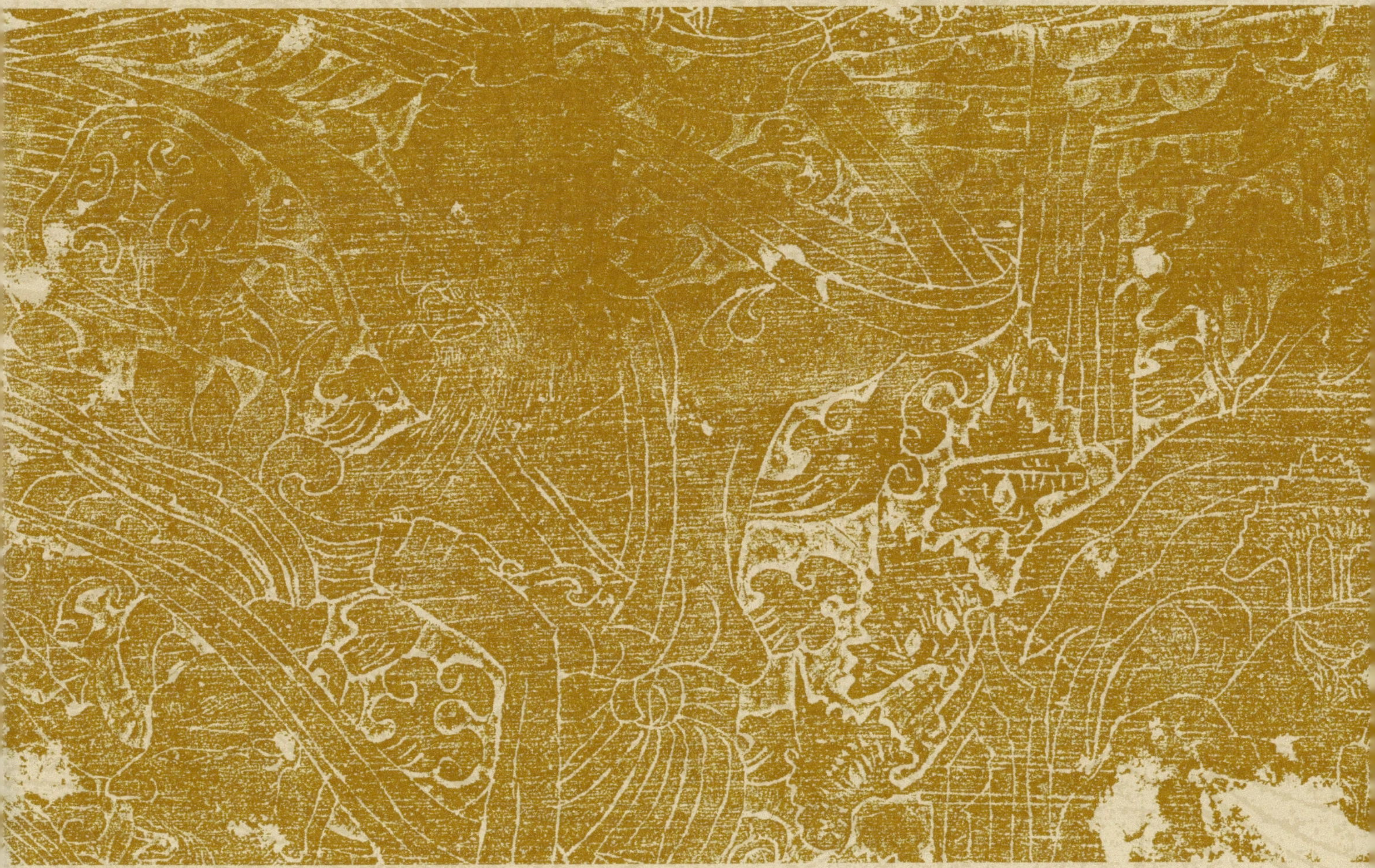

本书的编辑得到了洛阳市文物考古研究院领导及诸多同仁的大力支持。考古发掘研究期间洛阳市文物考古研究院史家珍院长、周立书记等领导经常到一线指导工作，对考古发掘研究提出了要求，作出了指示。洛阳市文物考古研究院的发掘、修复、绘图、拓片、保卫等工作人员在发掘及后期整理过程中付出了辛勤的努力和汗水，在此一并感谢他们！

本书的编辑和出版得到了科学出版社的大力支持，特别是张亚娜女士和郑佐一女士对于书稿的编排及出版提供了大量的帮助，在此特别感谢科学出版社的工作人员的辛勤努力！

由于编者水平有限，报告之中难免有错误和不足之处，敬请见谅！